NINGUÉM PODE COM
NARA LEÃO

NINGUÉM PODE COM **NARA LEÃO**

UMA BIOGRAFIA

TOM CARDOSO

🌐 Planeta

Copyright © Tom Cardoso, 2021
Copyright © Editora Planeta do Brasil, 2021
Todos os direitos reservados.

Preparação: Carla Fortino
Revisão: Renata Mello, Diego Franco Gonçalves
Pesquisa iconográfica: Tempo Composto
Diagramação: 3Pontos Editorial
Capa: Departamento de criação da editora Planeta do Brasil
Imagem de capa: Frederico Mendes
Fotos do caderno de imagens: álbuns de família cedidos pelos filhos de Nara Leão

Dados Internacionais de Catalogação na Publicação (CIP)
Angélica Ilacqua CRB-8/7057

Cardoso, Tom
    Ninguém pode com Nara Leão: uma biografia / Tom Cardoso. – São Paulo: Planeta, 2021.
    232 p.

ISBN 978-65-5535-152-1

1. Leão, Nara, 1942-1989 – Biografia 2. Leão, Nara, 1942-1989 – Discografia 3. Cantoras – Brasil – Biografia I. Título

20-2709   CDD 927.8164

Índices para catálogo sistemático:
1. Cantoras - Brasil - Biografia

2021
Todos os direitos desta edição reservados à
EDITORA PLANETA DO BRASIL LTDA.
Rua Bela Cintra, 986, 4º andar – Consolação
São Paulo – SP CEP 01415-002
www.planetadelivros.com.br
faleconosco@editoraplaneta.com.br

SUMÁRIO

prefácio	9
1. Às vezes, recatada, outras estouvadinha	13
2. Um leão, um pavão e dois caramujos	25
3. Fim de noite	35
4. De frente	49
5. O Morro tem vez	59
6. Estranhas contradições	69
7. O manifesto	79
8. Falsos engajados	89
9. Francisco	99
10. Desencanto	109
11. Barra 69	119
12. Porcos, cabeças e o diabo	131
13. A moça da lancheira	141
14. Sem tempo a perder	151
15. Um choro profundo	163
16. Que tudo seja o que vai ser	171
discografia	183
bibliografia	215
Periódicos e outros	219
Agradecimentos	223

Para Julia e André.

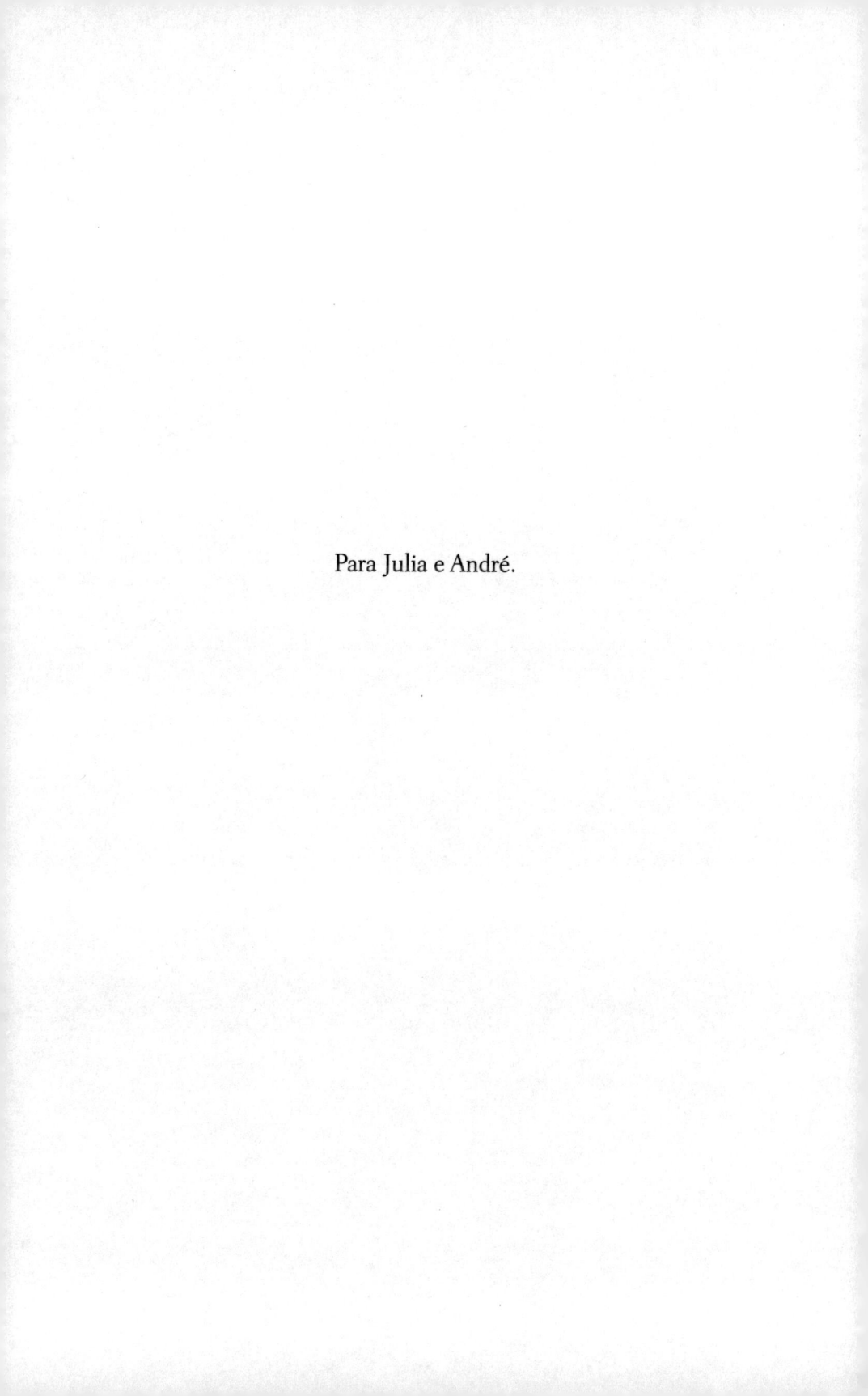

PREFÁCIO

AS MUITAS FACES DA INDOMÁVEL NARA LEÃO

Tárik de Souza

Ela não era filha de Zeus e Mnemosine, nem se chamava Euterpe, mas por eleição unânime e informal consagrou-se como a musa da bossa nova. Capixaba, Nara Lofego Leão, a caçula do casal formado pelo advogado dr. Jairo e sua esposa, dona Tinoca, tinha 1 ano quando estabeleceu-se com a família no Rio. Ofuscada pela eloquência paterna e a exuberância da irmã, nove anos mais velha – a futura modelo e influente personagem da cena carioca, Danuza Leão –, Nara começou a acumular apelidos e reclusões voluntárias.

Mas a intimidada "Caramujo" e "Jacarezinho do Pântano" surpreenderia o país e o mundo transformando-se em uma das mais influentes e produtivas intérpretes da MPB dos agitados anos 1960 aos 1980. De cara, reduziu a pó o epíteto original, que lhe fora pespegado tanto por méritos físicos (boca larga, sensual, olhos atilados, torneados joelhos que explodiam da minissaia) quanto estéticos.

Dominava o repertório e os modernos acordes do violão bossa nova, movimento em grande parte gestado no lar liberal dos Leão, frequentado por alguns dos principais artífices das mudanças. Mas, como Chico Buarque, um dos compositores que ela descobriu e incentivou, escreveu na contracapa de um dos discos da cantora, "Nara foi se desmusando, se desmusando...".

E não parou mais, como descreve num texto envolvente, que se lê quase como um *thriller*, o jornalista Tom Cardoso. Ele é autor de outros perfis trepidantes, como o de um dos fundadores do "Pasquim", *Tarso de Castro – 75 kg de músculos e fúria*, e o de um dos patrões de Nara, *Paulo Machado de Carvalho – O marechal da vitória* (com Roberto Rockmann).

Já na estreia, na Elenco, para espanto do produtor e dono do selo, Aloysio de Oliveira, ex-Bando da Lua, ela misturou o samba dito "de morro" (Zé Kéti, Nelson Cavaquinho, Cartola, Elton Medeiros) com bossa engajada e afro-sambas (Carlos Lyra, Gianfrancesco Guarnieri, Edu Lobo, Ruy Guerra, Baden Powell, Vinicius de Moraes, Moacir Santos).

Tentando explicar o molejo dialético da contratada, Aloysio recorre, na contracapa, a nada menos que quatro "por incrível que pareça", como neste último: "Nara procura fugir totalmente de sua personalidade de menina mansa, interpretando, embora de um modo moderno, com sua voz pura e inconfundível, aquelas músicas que ela escolheu e que provocam estranho e agradável contraste".

Ao transcrever, no final do livro, junto à discografia completa, os textos das contracapas, normalmente desprezados pela maioria dos biógrafos, Tom permite ao leitor tomar o pulso febril dessa metamorfose ambulante. "Menina mansa" uma ova: após a decolagem fulminante na Elenco, no disco seguinte ela já estava na multinacional Philips, arrombando outras portas a bordo do virulento *Opinião de Nara* em pleno 1964 do golpe militar.

Era a canção de protesto afrontando diretamente a ditadura, com enorme sucesso de público e o desdobrar de mais uma faceta de Nara. Entediada com a inevitável repetição diária da peça e o pesado estandarte político que empunhava, descobriu um grupo de jovens na Bahia e, pretextando doença, escalou como substituta ninguém menos que a adolescente santamarense Maria Bethânia, cujos pais a obrigaram a vir escoltada pelo irmão mais velho, um tal Caetano Veloso.

Era o olho clínico de Nara atuando não apenas para revelar autores mas também – com generosidade – possíveis divas rivais.

Como se ela ligasse para esse tipo de disputa, embora tenha batido de frente com a dona do pedaço, a hirsuta gaúcha Elis Regina, que a hostilizou como "promessa" em seu programa de TV *O fino da bossa*, e mereceu-lhe o desprezo por liderar a passeata contra as guitarras elétricas, que contrapunha MPB *x* Jovem Guarda.

Nara que, como escreve Tom Cardoso, "nasceu tropicalista antes de o termo existir", após dividir *Vento de maio*, praticamente, entre composições de Chico Buarque (cinco) e outro novo talento que descobriu, Sidney Miller (seis), grava, em 1968, um disco com arranjos do iconoclasta Duprat, onde esbanja ecletismo.

A copiosa e multifacetada carreira fonográfica da cantora e pesquisadora comportava discos de samba (*Nara pede passagem*), manifestos libertários (*Coisas do mundo*, internacionalizado pela inclusão de *folk* americano, um *"parabien"* chileno e o belga Jacques Brel) e, ao lado dos chorões da Camerata Carioca, um inesperadíssimo *songbook* da dupla Roberto e Erasmo Carlos (*...e que tudo mais vá pro inferno*), execrada pelos intelectuais com que convivia.

Era a mesma diversidade que professava na vida amorosa. Namoros com um diplomata, com o jovem guardião Jerry Adriani, e um sólido casamento com o cinemanovista Carlos Diegues, com quem teria os filhos Isabel e Francisco.

Com sagacidade, Tom Cardoso articula vida e obra da ex-musa, uma groucho-marxista impenitente. Era adepta inata da frase do sarcástico humorista Groucho Marx (1890-1977): "Eu nunca faria parte de um clube que me aceitasse como sócio".

CAPÍTULO 1

ÀS VEZES, RECATADA, OUTRAS ESTOUVADINHA

"Já pensou organistas medievais fazendo passeata contra o piano?"

Nara contava ao namorado Cacá Diegues o que vira da janela do hotel Danúbio, na tarde do dia 17 de julho de 1967. Parecia difícil de acreditar, mas era aquilo mesmo: artistas marchavam pelas ruas do centro de São Paulo gritando palavras de ordem contra o que representava no momento a maior ameaça à música brasileira. Os protestos eram direcionados à guitarra elétrica, instrumento que simbolizava a nociva ingerência do rock-and-roll na cultura de massas.

O brado lembrava as passeatas do partido integralista, o movimento de inspiração fascista fundado por Plínio Salgado. A virulência dos discursos e o alvo escolhido divertiram Nara, assim como a letra do hino da Frente Única da Música Popular Brasileira, o nome dado ao colegiado de artistas unidos contra o imperialismo americano: "Moçada querida/ Cantar é a pedida/ Cantando a canção da pátria querida/ Cantando o que é nosso/ Com o coração..."

Assustadora era a participação de alguns amigos e colegas de profissão na linha de frente. Não a de Jair Rodrigues e Geraldo Vandré, defensores da "soberania nacional", fechados com Elis

Regina, a líder da passeata. Mas o que Gilberto Gil fazia ali, de braços dados com Jair e Edu Lobo?

Caetano Veloso, ao lado de Nara, também debruçado na janela do hotel, saiu em defesa do amigo e conterrâneo, dizendo a Nara que a presença de Gil talvez se justificasse muito mais pelo interesse dele por Elis do que propriamente por adesão incondicional ao manifesto.

Gil estava de olho em Elis, é verdade, mas não se sentiu totalmente desconfortável com os cânticos nacionalistas. Duas semanas antes da passeata, o compositor baiano em entrevista ao *Diário de Notícias* se posicionara a favor dos ideais encampados pela Frente Única:

> *Quando digo música popular brasileira, digo música de raiz brasileira. [...] A bossa nova foi uma evolução enorme que serviu para o nosso movimento de agora, mas espelhou-se na música norte-americana, fugindo das nossas raízes. [...] Alguns compositores têm preconceito contra o que é nosso e querem logo pensar em termos de música desenvolvida lá de fora sem procurar evoluir o que realmente temos.*

Não pareciam palavras de um futuro tropicalista, um dos líderes do movimento que se caracterizou justamente por convergir diversas correntes artísticas de vanguarda com a cultura pop nacional e estrangeira. Como Caetano reconheceu anos depois, apenas um artista parecia ter uma visão menos reducionista e mais plural sobre os caminhos da música popular brasileira:

> *Eu não fui à passeata, não iria mesmo, mas não tinha uma formalização crítica tão nítida do que era aquilo. Hoje é muito óbvio, mas na hora não tanto assim e Nara me ajudou a compreender o absurdo daquela posição.*

Nara achava risível a pauta de reivindicações da Frente Ampla, criada a partir de uma reunião na TV Record com os principais representantes da ala MPB da emissora, todos preocupados com a ascensão do fenômeno Jovem Guarda. A turma do iê-iê-iê, que também fazia parte do elenco da TV Record, minara a audiência dos outros programas da emissora, entre eles o *Fino da bossa*, apresentado por Elis Regina e Jair Rodrigues.

Por iniciativa de Elis, Paulinho Machado de Carvalho, diretor artístico da TV Record, aceitou convocar uma reunião com os principais artistas da casa (exceto o time da Jovem Guarda), entres eles a própria Nara, para que todos achassem juntos uma solução para a queda de popularidade dos artistas ligados à corrente emepebista. Para a ala mais nacionalista, liderada por Elis, Jair Rodrigues e Geraldo Vandré, a Jovem Guarda não só lhes roubara prestígio e audiência como também havia "contaminado" toda uma geração de jovens, cada vez mais distante culturalmente das raízes brasileiras.

Na reunião, Elis repetiu o que dissera um ano antes para a revista *Intervalo*, assim que voltou de férias da Europa e deu de cara com o fenômeno Jovem Guarda e a brusca queda de audiência do *Fino da bossa*:

> *Eu esperava encontrar o samba mais forte do que nunca. [...] O que vi foi essa submúsica, essa barulheira que chamam de "iê-iê--iê", arrastando milhares de adolescentes que começam a se interessar pela linguagem musical e são assim desencaminhados. Esse tal de "iê-iê-iê" é uma droga: deforma a mente da juventude.*

Nara passou a reunião calada. Só se manifestou após a decisão de Paulinho Machado, de que fosse criada a Frente Única da Música Brasileira, uma alusão à Frente Ampla, o movimento de oposição liderado por Juscelino Kubitschek, João Goulart e Carlos Lacerda a favor da restauração do regime democrático. A frente artística seria formada por quatro núcleos, o de Elis, o de Simonal, o de Geraldo Vandré e o de Gil, cada qual com um programa semanal, mas todos unidos contra o tirano responsável por deformar a mente da juventude: Roberto Carlos.

Ao saber da decisão, Nara dirigiu-se a Paulinho Machado e, sem levantar a voz, deixou claro que, como contratada da emissora, compareceria a todos os programas para os quais fosse escalada, com exceção do comandado por Elis Regina. Não fazia o menor sentido, argumentou Nara, prestigiar o programa de alguém que, semana antes, dera uma entrevista a uma revista dizendo que ela, além de traidora da bossa nova, cantava mal e fazia sucesso desrespeitando as Forças Armadas.

Para Paulinho Machado de Carvalho, as rivalidades entre artistas eram muito bem-vindas, principalmente se as disputas envolvessem os de sua emissora. As polêmicas vendiam revistas, ajudavam a promover os cantores da casa e acirravam ainda mais o clima bélico dos festivais promovidos pela TV Record. Paulinho Machado jamais comandaria um levante contra a Jovem Guarda, mas ao apoiar a criação da Frente Única da Música Brasileira, dando suporte técnico para a Marcha Contra a Guitarra Elétrica, o diretor artístico apaziguava os ânimos dos insurgentes e ainda colocava mais lenha na fogueira da polarizada música brasileira.

Se a emissora conseguira alimentar até uma rivalidade entre Caetano Veloso e Chico Buarque, artistas que se admiravam mutuamente, ambos crias da bossa nova (a ala da MPB até tentou fazer de Chico o rei da linha nacionalista, um contraponto a Roberto Carlos, mas ele recusou a coroa), o que dizer do potencial midiático do arranca-rabo iniciado entre as estrelas Nara e Elis, essas sim diferentes em quase tudo? Elis, numa fase de maré baixa, estava disposta a comprar briga. Faltava combinar com Nara, remando no sentido contrário, sonhando com o anonimato após o estrondoso sucesso de "A banda".

Um mês antes da Marcha Contra a Guitarra Elétrica, Carlos Marques, repórter da *Manchete*, recebera uma ordem do diretor de redação, Justino Martins: achar bons nomes para a nova seção da revista, batizada de "As Grandes Rivalidades". A ideia era colocar frente a frente rivais das mais diversas áreas e estimular ao máximo o confronto entre eles. O gaúcho Justino tinha um nome para a estreia, sua amiga e conterrânea Elis Regina – que topou na hora. Carlos Marques teria a missão de convencer Nara Leão a participar da seção.

Nara recebeu o convite com certo ceticismo. Ela raramente se recusava a dar entrevistas, muitas delas polêmicas, como a concedida ao jornal *Diário de Notícias*, em maio de 1966, posicionando-se de forma dura contra o regime militar (sugerindo a extinção do Exército, o que quase lhe rendeu uma prisão), mas daí a aceitar participar de uma seção chamada de "As Grandes Rivalidades" e justamente com Elis Regina?

Até a música brasileira se transformar numa rinha de galo, Elis e Nara mantinham uma relação distante, mas cordial. Numa entrevista ao jornal *Última Hora*, Elis chegou a elogiar a serenidade e a firmeza com que a colega administrava a carreira: "Eu sou esquentada. Tem gente que é calma. A Nara Leão, por exemplo, é uma pessoa que tem uma paciência histórica. Ela sentou, esperou tudo acomodar e fez um disco certo. Aliás, ela sempre faz as coisas certas nas horas corretas e para as pessoas exatas. Eu sou guerreira e pego a metralhadora para sair atrás de quem me enche o saco".

Elis referia-se ao primeiro disco de Nara, gravado em 1964 pela Elenco, feito ao gosto da cantora e não do poderoso produtor e dono da gravadora, Aloysio de Oliveira, que preferia que ela, musa do movimento, estreasse cantando bossa nova. Nara bateu o pé e gravou um disco de samba, longe da temática bossa-novista, dando voz a compositores como Zé Kéti, Cartola e Nelson Cavaquinho.

Nara, porém, não se encantou apenas com o samba vindo do morro. Ela não tinha nenhum apreço pelo rock como gênero musical, mas foi a primeira de sua turma a enxergar talento naquele cantor e compositor que sonhava em ser o novo João Gilberto, mas que de tanto ser barrado pelos bossa-novistas se reinventara pelas mãos de Carlos Imperial. Safo, o empresário e produtor, famoso pelo tino comercial, tratou logo de lhe arrumar um trono – o de Rei da Juventude – e uma guitarra elétrica. Roberto Carlos nunca mais imitou João.

Não que ele não tenha tentado. No começo de carreira, Roberto cantou na boate Plaza, um dos templos da bossa nova. O genérico de João, porém, não conseguiu fazer parte do movimento. Escalado, graças à influência de Imperial, para cantar num show no auditório da PUC do Rio, em 1960, ao lado de Sylvinha Telles, Oscar Castro Neves e Alaíde Costa, Roberto foi barrado na última hora por Carlos Lyra, um dos próceres do movimento.

Cinco anos depois do show na PUC, com Roberto já consagrado, Sylvinha Telles, a ex-namorada de João Gilberto, a primeira cantora a gravar clássicos da bossa nova, sinônimo de modernidade entre as intérpretes de sua geração, decidiu cantar em ritmo de bossa um dos sucessos do repertório romântico de Roberto, "Não quero você triste". Foi tão vaiada pela plateia presente no Teatro Paramount em São Paulo que nunca mais ousou cantar Roberto. Pelo menos em público.

Com Nara foi diferente. Ela não só incluiu "Anoiteceu", o samba de Vinicius de Moraes e Francis Hime (interpretado com brilho por Roberto no Festival da Record de 1966), no seu disco lançado no ano seguinte, como quase convenceu o futuro ídolo da Jovem Guarda a gravar um disco de MPB – ela ajudaria na escolha do repertório e quem sabe até o produziria. "Já pensou você cantando Chico Buarque e Sidney Miller?", encorajou Nara.

Roberto encantou-se com a ideia (e também com a cantora), mas acabou convencido por Roberto Corte Real, diretor artístico da CBS, a não "mexer em time que estava ganhando". O produtor do astro da Jovem Guarda, Evandro Ribeiro, disse que tudo não passava de uma conspiração armada pelo núcleo central da MPB, enciumado com o sucesso de Roberto, para descaracterizar sua imagem como ídolo da juventude. Roberto, paranoico, recuou. O disco nunca saiu.

Enquanto Elis dava entrevistas acusando Roberto de desencaminhar a juventude brasileira, Nara o defendia sempre que possível. Em maio de 1966, a *Revista Civilização Brasileira*, editada por Ênio Silveira, convocou músicos e intelectuais para discutir os caminhos da música popular brasileira. Ferreira Gullar, Nelson Lins e Barros, Flávio Macedo Soares, Caetano Veloso e José Carlos Capinan expuseram os seus pontos de vista, teorizando sobre os rumos da MPB. Nara falou pouco, mas, como de costume, foi direto ao ponto:

> *Enquanto Roberto Carlos vai a todos os programas, todos os dias, o pessoal da música brasileira, talvez por comodismo, não vai. Existe até certo preconceito – quando eu vou ao programa do Chacrinha os bossa-novistas me picham, eles acham que é "decadência" ir a este programa.*

Nara ia a todos os programas, inclusive ao *Fino da bossa*, como ocorria com a maioria dos artistas contratados pela TV Record. Das poucas vezes que cantou no programa, foi tratada com indiferença por Elis, que a apresentou "como a moça que estava prometendo muito", ignorando de propósito os anos de estrada da convidada – quando Elis chegou ao Rio, em 1961, ainda sendo testada como uma provável substituta de Celly Campello, Nara, já envolvida com a turma do Cinema Novo, começara a cortar o cordão umbilical com a bossa nova, renegando o título de musa do movimento.

Avessa a picuinhas, Nara pensou em rejeitar o convite da *Manchete*, mas acabou convencida pelo cunhado e jornalista Samuel Wainer a topar o encontro. Não se poderia, argumentou Samuel, ignorar um espaço como aquele, nem a repercussão de um encontro entre duas das mais populares cantoras do país. Que ela expusesse as suas ideias, sem cair nas provocações de Elis.

Mas nos bastidores da revista, Carlos Marques estava pronto para seguir a ordem dada por Justino Martins: colocar lenha na fogueira e, se possível, logo na sessão de fotos, que seria feita antes da entrevista. Quanto mais polêmicas e intrigas, mais revistas seriam vendidas – era preciso fazer jus ao nome da seção.

Quando Nara chegou, Elis já estava no estúdio. Partiu da bossa-novista o primeiro aceno, diplomático: "Estão dizendo por aí que a gente não se gosta. Bobagem, né?". Elis não disse nada. O clima pesou. Nara, impassível, seguiu posando para o fotógrafo. Até que Elis se levantou, virou-se para Carlos Marques e disse para que todos ouvissem: "Vou embora. Não gosto de Nara".

Carlos Marques convenceu as duas cantoras a concederem entrevistas separadamente. Nara, que permaneceu no estúdio, conversou primeiro com o repórter. Irritada com a atitude de Elis, ela resolveu se posicionar de forma dura e assertiva em relação aos destemperos da colega.

Deixando de lado a habitual discrição, assumiu uma postura mais beligerante (num grau de "sinericídio" que resultava sempre em entrevistas bombásticas) – para sorte a de Carlos Marques. Afinal, não havia sido a introspectiva Nara, a moça dos belos joelhos, de fala mansa e gestos suaves, uma das poucas artistas a afirmar, em plena ditadura militar, que "o Exército não servia para nada", que "podiam entender de canhão e metralhadora, mas não pescavam nada de política"?

Nesses momentos, Nara se identificava com a personagem de um poema de Machado de Assis, "Menina e moça", sobretudo com os versos que para ela resumiam de forma perfeita as duas mulheres que moravam dentro de si:

> *Às vezes, recatada, outras estouvadinha.*
> *Casa no mesmo gesto a loucura e o pudor.*

No estúdio da revista *Manchete*, a estouvadinha havia se sobreposto à recatada:

> *Toda essa confusão começou quando apareci com o sucesso de "A banda", de Chico Buarque. Ela concorreu no mesmo festival e, dali em diante, aconteceram coisas que pessoalmente me desagradaram. Essa agressividade pueril e desequilibrada não é interessante para nenhuma de nós.*
> *Afinal, separo a minha vida profissional da vida particular. Quando Elis Regina me apresentou em seu programa como "uma moça que está prometendo muito", achei que estava sendo agredida. Mas não dei importância e continuei trabalhando. Quanto à acusação que Elis me fez, de que sou cantora de iê-iê-iê, encaro com lucidez. Canto e cantarei tudo o que for de bom gosto.*
> *[...] Tenho personalidade bastante para gostar ou não gostar do que ouço sem precisar me orientar pela cabeça dos outros. Quanto a ser ou não ser amiga de Elis Regina, devo dizer que dou pouca importância. Tenho o meu trabalho e as minhas preocupações.*

Carlos Marques mostrou o depoimento de Nara a Justino Martins, que o repassou para a outra entrevistada da seção, sua amiga e conterrânea. O circo estava armado. Elis foi Elis:

> *Eu não tinha nada contra a moça Nara Leão. Hoje eu tenho, porque me irrita a sua falta de posição, dentro e fora da música brasileira. Ela foi a musa, durante muito tempo, mas começou gradativamente a trair cada movimento do qual participava.*

Iniciou na bossa nova, depois passou a cantar samba de morro, posteriormente enveredou pelas músicas de protesto e, agora, aderiu ao iê-iê-iê. Negou todos.

Os jornais estão aí para provar o que digo. Se juntarmos todos os recortes, o resultado será um jogo chamado disparate. Nara desmente sempre a imprensa, quando é publicado algo que não lhe convém. Há sete anos que o seu nome sai nos jornais.

Ela sempre arranja um jeito de brigar com quem está em evidência, a fim de ela própria ficar em evidência. O que me admira é que ela fez psicanálise durante seis anos. Será que fez psicanálise, ou curso de publicidade, de autopromoção?

A verdade é que Nara Leão canta muito mal, mas fala muito bem. Ela não sabe o que quer. Um dia, no meu camarim, na TV Record, ela me disse: "Não gosto de nada que faço. Já estudei canto, fiz cerâmica, estudei música, mas nada disso me satisfaz. O que eu quero, na verdade, é casar, ter filhos e viver bem com o meu marido". Se um dia Nara resolver ser legal, tenho certeza de que voltaremos a ser amigas.

O quiproquó não foi adiante. Ambas tinham preocupações distintas. Elis correu para recuperar o espaço perdido e deu carta branca a Ronaldo Bôscoli, marido e diretor do *Fino da bossa*, para que este fizesse de tudo para recuperar sua popularidade. Bôscoli sugeriu que ela deixasse os cabelos ao estilo Mia Farrow, o corte da moda, e mudasse urgentemente o guarda-roupa. E que aproveitasse a repaginada para diminuir também o tamanho dos seios. Sua inigualável voz daria conta do resto.

A ambição de Nara era justamente não ter ambição, como explica Chico Buarque no encarte do disco *Vento de maio* (cujo repertório era quase todo dedicado a músicas de Chico e de Sidney Miller, duas grandes descobertas da cantora): "Nara não se ilude: por mais fé que ponha em seu canto, não espera remover montanhas. Isso lhe dá às vezes aquele ar de desencanto, quase beirando à displicência. É quando nasce um samba, um novo alento, uma esperança".

Chico tinha matado a charada. A despeito do ar de desencanto e da quase displicência, Nara tinha participado ativamente dos mais importantes movimentos musicais surgidos a partir da década de 1960 – e saído de todos eles sem se despedir. Não por negá-los ou por traição, como acusava Elis, mas por uma permanente inquietude misturada ao temperamento guerreiro, quase sempre imperceptível, aflorado quando ela se dispunha a remover montanhas.

Como ocorrera na gravação do disco de estreia, em que Nara renegou o repertório bossa-novista para cantar Zé Kéti e Nelson Cavaquinho, escolha que muitos associaram ao fim do namoro de Nara com Ronaldo Bôscoli, que a havia traído com a cantora Maysa.

Mas o afastamento dos bossa-novistas não se deu por questões sentimentais, tampouco por divergências estéticas. Apesar do apartamento dos pais de Nara, em Copacabana, entrar para a história como um dos *bunkers* da bossa nova, nunca se deu real importância ao talento da anfitriã, subestimada pelos protagonistas do movimento, quase todos homens.

Quando alguém se mostrou, enfim, disposto a ouvi-la, como o maestro Astor Silva, durante um teste na gravadora Columbia, Nara foi aconselhada a ser qualquer coisa – menos Nara Leão: "Coração, coração, minha filha. Você não é má, minha filha. Mas você, tão bonitinha, tão gostosinha, se você caprichar, joga sua voz pro nariz, que fica sensual. Isso é que interessa, filha. Voz de cama, entende? Eu te ajudo, te promovo. Vai para minha casa, põe a voz no nariz e vamos dar um treino".

Nara abraçou e foi abraçada por outra patota também eminentemente masculina, formada por jovens cineastas que, influenciados pelo neorrealismo italiano e a Nouvelle Vague francesa, haviam gestado mais um importante movimento artístico: o Cinema Novo. Distantes do ideário praiano e despolitizado da bossa nova, os diretores dialogavam diretamente com os movimentos estudantis.

Parte dos integrantes do Cinema Novo se juntou ao recém-fundado Centro Popular de Cultura (CPC), comandado pelo dramaturgo Oduvaldo Vianna Filho, o Vianninha, também disposto a fazer do teatro um instrumento de conscientização das massas. Vianinha contava com a energia de outro membro-fundador, Carlos Lyra, um cardeal bossa-novista filiado ao PCB (Partido Comunista Brasileiro), insatisfeito com os rumos do movimento, para cooptar artistas dos mais diversos gêneros musicais. Lyra sabia a quem procurar.

Antes mesmo de ser ignorada pelos machos alfas da Zona Sul, liderados por Ronaldo Bôscoli, Nara já vivia uma crise existencial, refém de sua própria inquietude. O surgimento do CPC, do Cinema Novo, a disposição de Carlos Lyra e Vianinha e de outros nomes ligados à cultura de liderarem um novo movimento, muito mais sintonizado com a realidade brasileira, fizeram Nara pela primeira vez sentir que estava realizando, de fato, algo útil para ela e para o país:

> *O teatro do Vianninha, todo aquele movimento me impressionou muito, tomar conhecimento de uma realidade social que eu não conhecia, [de] que eu absolutamente nunca tinha ouvido falar. Eu era uma menina muito angustiada, desde a infância, era meio problemática, meio baixo astral, e quando eu descobri essas coisas pensei que talvez pudesse prestar um serviço, pudesse fazer da minha vida uma vida útil e fazer uma coisa pelos outros. Afinal, eu estava na fossa, mas meu problema era muito pequeno, tem gente aí com problemas reais, aí eu dei uma virada.*

A virada começou na boate Au Bon Gourmet, em Copacabana, em março de 1963, na estreia do musical *Pobre menina rica*, de Lyra e Vinicius de Moraes. Nara estreava como cantora profissional, cantando as contradições sociais brasileiras, um ano antes do golpe militar. Quando o regime de exceção se instalou, a pobre e angustiada menina rica já fizera a sua desejada mutação, de "musa da bossa nova" para engajada cantora de protesto.

Nara, num processo de autodescoberta, dispôs-se a ir para a linha de frente. Gravou o disco de sambas, sucedido pelo também surpreendente *Opinião de Nara*, que serviu de inspiração para que Vianninha criasse o revolucionário e provocador musical *Opinião*, estrelado pela própria Nara, por um sambista do morro (Zé Kéti) e um compositor nordestino (João do Vale).

O fastio demonstrado em relação à bossa nova se repetiu quando Nara se viu presa a uma nova camisa de força: a "de musa da oposição". Além do mais, para ela, o idealismo virara produto, atraindo artistas que até pouco tempo a acusavam de conspirar contra o governo. De novo, Nara saiu sem pedir licença:

> *Vários outros cantores começaram a cantar protesto, aí eu disse: "Bom, não dá mais para cantar protesto, não dá mais pé". Quando toda a turma que não cantava começou a cantar, me manquei e disse: "Estou fazendo papel de trouxa, porque virou consumo". E aí vai ser igual fazer* Hello, Dolly, *então para quê? Quando outras pessoas que eu considerava muito reacionárias foram ficando subversivas, eu achei esquisito.*

E aí, para a indignação de Elis, Nara "aderiu ao iê-iê-iê", à cultura de massas, sem nenhuma culpa ou pudor. Na televisão fez imenso sucesso ao lado de Chico Buarque cantando "A banda" no Festival da Record de 1966. Foi tão ou mais popular que qualquer cantor do país – o compacto simples com a "A banda" vendeu, em apenas três dias, 50 mil unidades, superando a recordista de vendas da gravadora Phillips, a gravação de "Strangers in the Night" com Frank Sinatra, que chegara às mesmas 50 mil cópias, só que em três meses.

Foi com essa Nara que Elis se deparou em meados de 1967, sem saber que a rival, àquela altura, estava disposta a dar outra guinada na vida, ainda mais radical: abandonar a carreira artística para ser mãe e, quem sabe, com mais tempo livre, realizar o sonho de ser psicóloga. Há muito tempo ela desejava expurgar seus demônios ou talvez entendê-los.

CAPÍTULO 2

UM LEÃO, UM PAVÃO E DOIS CARAMUJOS

Dois apelidos perseguiram Nara durante parte da infância e da adolescência: Jacarezinho do Pântano e Caramujo. Eram bichos bem representativos de sua personalidade: poucas vezes durante essa fase da vida ela fez questão de ser notada. Sempre que tentava se recolhia imediatamente, ofuscada pela exuberância de dois integrantes da família Leão: o pai, doutor Jairo, e Danuza, a irmã mais velha. É verdade que havia outro caramujo na casa – a mãe, dona Tinoca, tão calada quanto Nara.

Era o advogado Jairo Leão quem decidia tudo em casa, onipresença jamais contestada, nem mesmo pela primogênita Danuza, de temperamento parecido. Dona Tinoca sequer foi consultada quando o marido tomou a decisão de se mudar de Vitória (ES) para o Rio de Janeiro após se desentender durante um processo com um poderoso juiz da cidade.

Nara, nascida em Vitória, e Danuza, em Itaguaçu, pequeno município do Espírito Santo, tinham, respectivamente, 1 e 10 anos de idade em 1943, ano em que a família Leão desembarcou no Rio para morar no mais charmoso bairro da cidade: Copacabana. Em poucos anos, doutor Jairo, bem-sucedido, migrou da avenida Nossa

Senhora de Copacabana para o lugar mais cobiçado do bairro, um amplo e moderno apartamento na avenida Atlântica, de frente para o mar.

Preocupado exclusivamente com o sustento da família, o advogado era, ao mesmo tempo, um sujeito excêntrico para os padrões da época, pelo menos nos costumes. Doutor Jairo tinha opiniões muito próprias sobre quase tudo, como por exemplo a inutilidade de manter os filhos na escola. E assim Danuza, aos 12 anos, largou os estudos no tradicional Sacré-Coeur de Marie para ter, em casa, aulas particulares de português, matemática e inglês.

O movimento feminista ainda não havia sido gestado, e doutor Jairo já achava que mulher nenhuma deveria depender de homem – muito menos as suas filhas. Essa era uma das muitas contradições do advogado, que nunca incentivou dona Tinoca a fazer o mesmo, um homem de seu tempo em muitos aspectos, e como tal se permitiu ter várias amantes ao longo da vida. E não se sabe qual seria sua reação se a esposa resolvesse sair do casulo.

O fato é que o pai aconselhou Danuza e, mais tarde, Nara a buscarem a independência financeira logo cedo. E que elas se tornassem na vida o que desejassem ser e buscassem todo tipo de conhecimento possível, de preferência sem seguir os ditames da época. Possuir diploma, dizia Jairo, não tinha importância, e sim testar "coisas novas". Por que não, por exemplo, aprender a tocar violão?

Doutor Jairo recorreu aos serviços do violonista Patrício Teixeira. Ex-integrante do grupo Oito Batutas de Pixinguinha e um dos músicos mais requisitados pelos artistas de rádio, a ponto de ganhar homenagem de Lamartine e Braguinha na canção "As cinco estações", Patrício passara a dar aulas particulares para madames da elite carioca, dispostas a conhecer os encantos do "exótico" instrumento.

Quando a adolescente Danuza, em plena década de 1940, começou a receber em casa aulas do negro Patrício, o violão ainda era associado à marginalidade, a ponto de o próprio professor batizar seu método de ensino de "O Capadócio" – era assim que os violonistas eram chamados durante as abordagens policiais. Se tivesse os dedos marcados por cordas do violão, o capadócio, sinônimo de malandro, trapaceiro, seguia imediatamente para o xadrez.

Danuza nunca foi uma boa aluna na escola e muito menos em casa. Detestava as aulas de matemática e português e não se mostrou nem um pouco apta a tocar violão – pedia a Patrício, excelente compositor, ex-seresteiro, que deixasse de lado a instrução musical e cantasse suas canções. Ela se entenderia com o doutor Jairo caso, por algum motivo, o pai cobrasse resultados.

Ele nunca cobrou. Danuza estava no caminho certo, começando por conta própria uma promissora carreira de modelo. Foi tudo muito rápido. Após despontar entre as mais elegantes de Jacinto de Thormes na revista *O Cruzeiro*, logo brilharia nas passarelas de Paris. Aos 18 anos, Danuza tornou-se a primeira manequim a desfilar no exterior, como modelo de Jacques Fath, proeza que a levou para a capa da revista *Manchete*.

O liberal Jairo Leão foi colocado à prova mais uma vez. Danuza aos 19 anos namorava agora um homem de 41, apenas quatro anos mais novo que ele. E eles pretendiam se casar. Não era um sujeito qualquer, e sim um dos jornalistas mais influentes do país: Samuel Wainer, dono do jornal *Última Hora*. O ódio a Carlos Lacerda, desafeto histórico de Wainer, uniu os dois quarentões, e doutor Jairo nunca se opôs ao casamento – desde, claro, que ele pudesse dar pitaco toda vez que achasse necessário. Samuel foi convencido pelo pai de Danuza a comprar um apartamento na planta e colocá-lo no nome da futura esposa.

Samuel e Danuza não saíam das colunas sociais nem da boate Vogue, ponto de encontro do *high society* carioca. Já a pré-adolescente Nara se tornara mais melancólica e reservada. A exuberância e o sucesso da irmã haviam contribuído para empurrá-la ainda mais para o seu vazio existencial:

> *Nunca tive motivos concretos que determinassem minhas neuroses; sempre houve uma soma de pequenas coisas. Sempre tive complexos. Não me lembro muito da minha infância, mas sei que pelos 12 anos chorava sem parar. Eu era quieta, tímida e me considerava muito feia. E o que é pior: era irmã de mulher bonita. Eu não existia, não era Nara Leão.*

Doutor Jairo repetiria o que fizera com a filha mais velha: quando Nara completou 12 anos, sugeriu que ela deixasse imediatamente a escola para ter aulas particulares. Mas a caçula, num raro momento de rebeldia, bateu o pé e, com a ajuda de dona Tinoca, também tomada de coragem, conseguiu convencer o pai de que a saída do colégio poderia aprofundar as suas neuroses.

Ficou resolvido que, em casa, Nara teria apenas aulas de violão e com o mesmo professor de Danuza – quem sabe o instrumento a faria relaxar um pouco e ela passasse a ser um pouco Nara Leão. A sintonia de Patrício Teixeira com a nova aluna foi tão forte e intensa que, em menos de duas semanas, a caçula do doutor Jairo já havia aprendido a tocar alguns choros e maxixes. Roberto Menescal precisava saber logo disso.

A diferença de idade entre os dois – ela com apenas 12 anos e ele quase 17, uma eternidade nessa faixa etária, nunca chegou a ser um problema. Nara podia fazer tudo que uma pré-adolescente de classe média nem sonhava, como ir ao cinema à noite, assistir a musicais, ouvir discos de jazz da irmã durante toda a madrugada e até ter aulas de violão com um professor negro. Um mundo distante mesmo para o quase adulto Roberto Menescal, proibido pelos pais, por exemplo, de ter aulas de violão. O que não impediu que ele as tivesse no apartamento de Nara com o melhor dos professores – Patrício Teixeira – e tendo o doutor Jairo como cúmplice.

Desde que conhecera Nara, sua vizinha de Posto 4, um mundo se abrira para Menescal. O Rio de Janeiro do começo dos anos 1950 era um tédio para quem não se identificava com o gênero da moda, o samba-canção, sobretudo para jovens como ele, cria da primeira geração a fazer da praia uma extensão de sua casa. Como embalar um luau no Arpoador ao som de "Ninguém me ama" e "Se eu morresse amanhã de manhã"?

O samba-canção estava longe de ser monotemático – as letras falavam de amor, é claro, mas também de outros assuntos. Diversidade perdida com o processo de "bolerização" do gênero, acentuado após o surgimento de um grande número de boates em Copacabana, que tomaram o lugar dos cassinos, fechados depois da proibição dos jogos de azar, em 1946. Os cantores cubanos e mexicanos nunca foram tão populares por aqui.

Ao mesmo tempo, começaram a surgir os chamados "cantores de boate", que, com o advento do microfone, não precisavam mais berrar para serem ouvidos. Foi a geração que fez a cabeça de Menescal e sua turma, nomes como Tito Madi, Johnny Alf, Dick Farney e Lúcio Alves, cantores sofisticados e modernos, o núcleo de resistência ao bolero, mas que, no auge da invasão da música de língua espanhola, contentou-se em tocar nos becos.

Até começar a frequentar o apartamento de Nara, o jazz para Menescal se resumia a audições restritas, embora ele tenha ouvido "até furar" o LP *Julie Is Her Name* (1955), com o trio Julie London, Barney Kessel e Ray Leatherwood. Nada comparado com o que se deparou no quarto de Nara: a coleção de discos de jazz de Danuza, comprados durante a temporada como modelo na Europa.

Menescal descobriu os discos de Chet Baker e Gerry Mulligan – e passou a não dormir mais. Patrício lhe mostrou, porém, que não era preciso viajar até a Costa Oeste americana para ouvir música sofisticada. Ali mesmo, na sala da casa do doutor Jairo, apresentou um pouco do repertório do violão contemporâneo, dando preferência a dois monstros do instrumento: Aníbal Augusto Sardinha (Garoto) e Norival Carlos Teixeira (Valzinho). A música brasileira, ensinou Patrício, também sabia ser moderna.

Todos eles, Tito Madi, Johnny Alf, Lúcio Alves, Dick Farney, Garoto, Valzinho, assim como Roberto Silva, João Donato, Dorival Caymmi, Radamés Gnattali, Custódio Mesquita, Dolores Duran, Ciro Monteiro e Jorge Veiga eram um pouco bossa-nova – antes mesmo de o movimento nascer.

Isso só aconteceu no final dos anos 1950, quando um baiano de Juazeiro, no Rio desde o começo da década, conseguiu minimizar a cadência do samba nas cordas do violão e revolucionar o modo de tocar o instrumento. Foi com uma camisa emprestada pelo amigo Roberto Menescal que João Gilberto apareceu na capa do disco *Chega de saudade*, mudando para sempre a maneira de se fazer música no Brasil.

Da metade da década de 1950 até o lançamento de *Chega de saudade*, no dia 8 de março de 1959, núcleos musicais foram organizados com um objetivo em comum: resgatar os modernos procedimentos melódicos e harmônicos apresentados pelo samba-canção, descaracterizado após a exagerada associação com o bolero.

O gênero de origem cubana virou o mal a ser combatido, a ponto de merecer um artigo do poeta e diplomata Vinicius de Moraes, publicado na revista *Flan*, em agosto de 1953:

A bolerização, como diria Machado de Assis, é geral. Abre-se o rádio e lá vem o nostálgico ritmo de bacia. [...]
  Não haja dúvida, os ritmos ouvidos são do melhor bolero: tristezas mil nos bares do Brasil; grandes d.d.c. [dores de cotovelo] no mais puro estilo [Andre] Kostelanetz, com centenas de violinos mofinos comendo soltos Au Clair de lune. [...]
  E os músicos brasileiros vão "metendo los pechos", porque, evidentemente, o negócio deve estar rendendo.
  Se é verdade que o Brasil está com a tendência a perder a sua velha posição de primeiro país produtor de café do mundo, em compensação está caminhando rápido para conquistar a dianteira como país produtor de boleros.

O bolero só começou a perder prestígio por aqui alguns anos depois, graças a nomes como o próprio Vinicius, que, em meados de 1956, entediado com a vida de diplomata, deixou o cargo de segundo-secretário da embaixada brasileira em Paris para morar no Rio – e liderar a resistência à bolerização. Vinicius procurava ansiosamente um parceiro para musicar *Orfeu da Conceição*, peça escrita mais de dez anos antes que ele havia decidido, enfim, tirar da gaveta. Pensou primeiro no pianista Vadico, o gênio das harmonias, parceiro de Noel Rosa em "Feitiço da Vila", "Conversa de botequim" e "Feitio de oração".

Alegando problemas de saúde, Vadico rejeitou o convite, e Vinicius decidiu seguir o conselho do irmão de Lila, sua nova namorada, um jornalista da *Última Hora*, fã de jazz, que se gabava de ser sobrinho-bisneto da pianista e maestrina Chiquinha Gonzaga, mas não sabia nem tocar "O bife": Ronaldo Bôscoli. Foi Bôscoli o primeiro a sugerir a Vinicius o nome de Tom Jobim, pianista que mal conseguia sustentar a família trabalhando em bares e inferninhos de Copacabana – ele mesmo, o parceiro de Billy Blanco em "Teresa da praia", um dos grandes sucessos do ano de 1954 na voz de Lúcio Alves e Dick Farney.

Vinicius tinha estado com Tom algumas vezes, sabia de seu talento – ambos eram frequentadores do Clube da Chave, a casa privê fundada por Humberto Teixeira. E a parceria começou a brotar após um encontro na uisqueria Villarino, no centro do Rio, intermediado pelo também jornalista Lúcio Rangel. Nos dias seguintes, Tom e Vinicius já estavam ensaiando na casa do pianista, na Nascimento Silva, 107. As primeiras canções custaram a sair por conta do desentrosamento da dupla, mas quando ganharam corpo não houve mais tristezas mil nos bares do Brasil. Ipanema passou a ser só felicidade.

A turma de Nara e Menescal também começou a se mexer. Após as aulas escondidas com Patrício Teixeira, Menescal decidiu ele próprio virar professor, transformando o quarto e sala de um amigo em Copacabana na Academia do Violão, frequentada pelas meninas descoladas da Zonal Sul – para desespero das mães. Elas estavam ali também pela dupla de professores e sócios-fundadores da escola, os jovens e praianos Roberto Menescal e Carlinhos Lyra.

Menescal conhecera Lyra no colégio Mallet Soares, apresentado por um amigo em comum, o violonista Normando Santos. Carlinhos tinha certo nome na praça e Menescal sabia disso – assistira várias vezes ao musical *Gente bem e champanhota*, no teatro Follies, em Copacabana. No show, a estreante Sylvinha Telles interpretava magistralmente "Menina", samba-canção dele.

Lyra começara a carreira tocando violão elétrico no conjunto do pianista Bené Nunes, passando então a frequentar os concorridos jantares na Gávea servidos por Bené e sua esposa, a cantora Dulce Nunes. Jovens de Copacabana e Ipanema sonhavam com a chance de desfrutar da hospitalidade do casal, os melhores anfitriões da Zona Sul, não somente para poder provar o estrogonofe preparado por Dulce, mas pela oportunidade de sentarem-se à mesa com Tom Jobim, João Gilberto e Vinicius de Moraes.

Menescal e Nara, também elevada à condição de professora da Academia do Violão, pediram e Lyra não teve como negar. Os três passaram a ir juntos aos jantares na Gávea. E toda vez que Tom Jobim se sentava ao piano, Bené corria para ligar o gravador. A cena se repetia quando outro convidado, João Gilberto, começava a dedilhar o violão no sofá, cantando baixinho sambas de Dorival Caymmi e Ary Barroso.

Num dos jantares, Nara, tomada por uma coragem que ela própria desconhecia, perguntou a Bené Nunes se não podia fazer um teste para ser *crooner* de seu conjunto. O pianista quase engasgou, surpreso com o pedido de uma garota tão jovem, caçula de um respeitado advogado. Onde é que se viu uma menina de boa família, de fino trato e educada nos melhores colégios cantando numa orquestra? "Não, minha filha, é muito inadequado. O seu pai sabe de suas intenções?"

Doutor Jairo talvez não soubesse das intenções de Nara, sempre muito discreta e recolhida. Seria mais provável imaginar Danuza cantando numa orquestra, exibida que era, mesmo com a declarada inaptidão musical. Nara, porém, surpreendeu Jairo: não só começara a tocar violão e cantar com certo desembaraço como levara os amigos músicos para o apartamento de Copacabana. Espaço havia para todo mundo: os 90 metros quadrados da sala da família Leão eram suficientes para abrigar uma orquestra inteira. E nessa a anfitriã não estaria proibida de cantar.

Pouco dado a regras, doutor Jairo estabeleceu apenas uma: toda quinta-feira, dia das rodas de pôquer, Nara e os amigos teriam que arrumar outro lugar para tocar. Podiam até ficar, desde que não atrapalhassem a concentração de três dos maiores blefadores da história do Rio: Millôr Fernandes, Paulo Francis e Samuel Wainer.

Como no apartamento do doutor Jairo muitos entravam sem bater, logo a notícia se espalhou. A essa altura a bossa nova já tinha nascido, nos ensaios de Vinicius e Tom na Nascimento Silva e nos encontros da nova dupla com João Gilberto no apartamento de Bené e Dulce Nunes. Mas foi no apartamento do terceiro andar do edifício da avenida Atlântica que o movimento ganhou corpo, cara e nome, graças à sagacidade de um novo integrante da patota, recém-saído da fase caramujo.

Sempre que a depressão baixava, associada a surtos de paranoia e síndrome do pânico, o jornalista Ronaldo Bôscoli sumia do mapa. Ele convivia com o distúrbio desde a adolescência, um problema hereditário – o avô, após uma crise financeira, enforcara-se na garagem da família. O descuido com a higiene o fizera contrair piorreia, doença que provocara a queda dos molares superiores esquerdos, obrigando-o a levar a mão direita à boca para esconder a falha.

Roberto Menescal o encontrara apenas uma vez, em meados de 1956, durante um jantar na casa do compositor Breno Ferreira, na Gávea. Naquela noite, ao se servir de cuba-libre, Menescal ouviu uma música diferente, moderna, vinda de um dos quartos da casa. Curioso, caminhou até lá e encontrou na varanda dois sujeitos cantando sucessos do repertório de Dick Farney, como "Nick Bar", de Garoto e Zé Vasconcellos, e "Loura", de Hervê Cordovil.

Menescal tentou puxar conversa e arrastá-los até a sala para que se juntassem aos outros músicos – o repertório de Farney seria sempre bem-vindo –, mas um dos rapazes se negou a sair da varanda. Era Bôscoli, que, com a mão direita escondendo a boca, demonstrava aborrecimento pela presença de um estranho. Os dois só voltariam a se ver um ano depois, na praia. Menos arredio, dessa vez Bôscoli abriu o jogo e contou que dias depois daquele encontro na casa de Breno Ferreira ele passara quase um ano trancado em seu apartamento com depressão.

Como Bôscoli parecia bem melhor, vivendo a fase de euforia em meio à gangorra emocional, Menescal achou que seria um bom momento para convidá-lo a participar das rodas de violão na casa de Nara. O jornalista gostou da ideia – já tinha ouvido falar das sessões musicais no apartamento da avenida Atlântica – e perguntou se podia levar o Chico Fim de Noite, apelido que ele dera ao amigo Chico Feitosa, chamado assim por causa do samba-canção que ambos tinham feito juntos, batizado justamente de "Fim de noite".

Menescal disse que, claro, os dois seriam muito bem recebidos e que a anfitriã, sua namorada, gostaria dessa história de Chico

Fim de Noite. Nara jamais admitiu o namoro com Menescal, muito menos com Carlinhos Lyra, que também dizia aos amigos estar de caso com ela. Para Nara – e Danuza concordava – namoro tinha que ter beijo na boca – e de língua –, e as idas ao cinema de mãos dadas com Roberto ou Carlinhos não significava absolutamente nada. Bôscoli adorou saber disso.

CAPÍTULO 3

FIM DE NOITE

Se por acaso os móveis do apartamento não dessem conta das dezenas de vestidos e sapatos, Danuza ainda poderia recorrer ao armário da irmã caçula. O minimalismo de Nara cabia numa cômoda e não se resumia apenas à quantidade de roupas, mas também ao tamanho delas. Dez anos antes de Mary Quant subir em 15 centímetros o comprimento das saias – e inventar a minissaia – a adolescente do Posto 4 já tinha dado um jeito de sobreviver ao rigoroso verão carioca. O corte não foi tão ousado quanto o da estilista britânica – estava mais para uma "média saia" –, mas bastou para revelar ao mundo o par de joelhos mais harmonioso do Rio de Janeiro.

Um dos últimos a se juntar à patota da avenida Atlântica, Ronaldo Bôscoli foi o primeiro a cair de joelhos pelo joelho de Nara. Ao se deparar com a garota sentada no sofá, violão no colo e pernas à mostra, o jornalista se ateve a um detalhe que Roberto Menescal, Carlinhos Lyra, Luís Carlos Vinhas, Normando Santos, Oscar Castro Neves e os outros marmanjos da sala não haviam reparado: os joelhos da anfitriã não tinham ponta.

Aquele não era um par de joelhos qualquer, como um dos muitos a que Bôscoli, louco por um rabo de saia, assistia desfilar por Copacabana. Os de Marisa Gata Mansa, então, cheios de pontas, mais pareciam um polígono. Os de Nara, não, arredondados, rechonchudos, eram quase imperceptíveis, tão sutis quanto os acordes bossa-novistas. Um milagre da anatomia.

E não foram só os harmoniosos joelhos de Nara que impressionaram Bôscoli. Aquela história das rodas de violão no apartamento de uma garota de classe média alta de Copacabana, onde músicos e compositores não só eram bem-vindos como entravam sem bater até altas horas da noite, sem a vigilância dos pais – algo improvável em qualquer outra "casa de família" da Zona Sul –, não era conversa mole de Roberto Menescal e Carlinhos Lyra. Era real.

E, além de tudo, a própria anfitriã contou a Bôscoli que, aos 15 anos, não frequentava mais a escola. Passara a ter aulas particulares em casa, após contrair uma hepatite que a impediu de ir ao colégio por três meses. Não havendo mais como evitar a reprovação, decidiu parar de estudar.

O jornalista quis saber a reação de seus pais a essa decisão. Nara riu. Contou que doutor Jairo não confiava muito nas instituições e que Danuza, a irmã mais velha, casada com Samuel Wainer, um homem da idade de seu pai, tinha deixado de estudar aos 12 anos.

Bôscoli esfregou as mãos. Que depressão, fobia, pânico que nada – ele estava em pleno paraíso e, melhor, com o caminho livre para conquistar a mocinha. Na autobiografia, o jornalista conta como se deu o encontro com Nara no apartamento da avenida Atlântica.

Chegando lá, toquei a campainha e quem me veio receber foi a própria Nara. Estava de shortinho curto, deixando inteiramente a descoberto seus joelhos redondinhos, que foram objeto de poesias, crônicas e suspiros gerais. Ela comia displicentemente uma maçã e me ofereceu com a maior naturalidade um pedaço. [...] Hoje, lembrando aquela cena, percebo nitidamente o fascínio e o encantamento que Nara me causou [...] um impacto. Me senti o próprio Adão diante do pecado original.

Em 1957, ninguém receberia convidados usando um shortinho curto, nenhuma menina de Copacabana, muito menos Nara.

A timidez também a impediria de oferecer a sua maçã a um desconhecido. Mas se Bôscoli se sentiu o próprio Adão e sonhou em fazer da anfitriã a sua Eva, precisaria, primeiro, combinar com o dono da casa. Doutor Jairo podia não seguir a cartilha de bons costumes da época, mas isso não fazia do apartamento do terceiro andar uma versão praiana do Jardim do Éden.

O advogado seguia a própria cartilha, que, dependendo das circunstâncias, podia transformá-lo no mais libertário dos homens ou num despótico coronel sertanejo. De início, ao perceber o fascínio de Bôscoli por Nara – e vice-versa –, doutor Jairo não se opôs a um possível namoro entre os dois, desde, claro, que ele não se achasse o Samuel Wainer da vez.

Diferentemente da irmã mais velha, Nara ainda era uma adolescente buscando rumo na vida, tentando espantar seus demônios. E Bôscoli não era dono de um jornal poderoso e sim um sujeito que vivia sem grana e dividia o pequeno apartamento com mais três amigos – um deles dormia, por falta de espaço, na mesma cama do jornalista.

Que o pretendente de quase 30 anos ficasse ciente das responsabilidades de se envolver com uma menor, filha de um advogado, acostumado desde os tempos de Espírito Santo a resolver as coisas na Justiça ou na bala, se fosse necessário. Doutor Jairo andava armado pela cidade – os vizinhos sabiam disso. Nunca precisou tirar o .38 da cintura, nem em Vitória, nem no Rio, mas seria prudente não contrariá-lo.

Apaixonado por música desde sempre, fã de Frank Sinatra, de jazz e dos modernos sambas-canções, letrista cada vez menos ocasional, Bôscoli tinha dado sorte. Se não bastasse ser cunhado de Vinicius de Moraes e chapa de Tom Jobim – os ensaios de *Orfeu da Conceição* o aproximaram ainda mais da dupla –, agora ele passara a dividir o mesmo teto com João Gilberto, o novo hóspede do apartamento, que imediatamente transformou o sofá da sala numa espécie de estúdio-dormitório.

Algo estava acontecendo e Bôscoli foi um dos primeiros a notar essa transformação e se apropriar dela. As suas intuições se confirmaram ao entrar no apartamento de Nara e perceber que aquela garotada reproduzia o que Tom e João faziam havia um bom tempo nas boates de Copacabana e nos saraus de Bené Nunes. Eles cantavam como os grandes e modernos intérpretes do samba-canção – e alguns tentavam, sem sucesso, imitar João. E a melodia por sua vez era puramente jobiniana, trazendo elementos jazzísticos misturados ao samba.

Nara revelou-se uma intérprete interessante. O canto, sem vibrato, baixinho, não era propriamente uma novidade – Marisa Gata Mansa e, principalmente, Sylvinha Telles já cantavam dessa forma. Mas, além de tocar bem violão, a caçula de doutor Jairo (e isso ela devia ao professor Patrício Teixeira) sabia de cor boa parte do cancioneiro moderno brasileiro e muito sobre jazz, graças aos discos importados por Danuza.

Nada, porém, que chamasse atenção dos outros homens da sala, sobretudo de Bôscoli, autointitulado líder do grupo, interessado apenas em convencê-la a morder a maçã. Tratada como a "café com leite" pela maioria da patota, Nara, refém da timidez, também não se esforçava para ser notada. Nas raras vezes em que puxava uma roda de violão, quase sempre porque conhecia o começo da música, era aconselhada a não ir muito longe, como revelou anos depois, em depoimento ao Museu da Imagem e do Som:

> *Eu funcionava para o grupo como uma espécie de computador. Sabia de cor todas as letras, melodias e acordes, mas só podia abrir a boca para cantar quando alguém precisava que alguma música fosse lembrada. E, assim mesmo, a malhação era geral: "fanhosa", "desafinada", e outros "elogios" desse tipo. Acho mesmo que só permaneci no grupo por causa da minha casa. Ninguém acreditava em mim, mas ninguém me escutava cantando.*

E novas músicas continuavam sendo despejadas na memória de Nara, muitas delas compostas ali mesmo, no apartamento de Copacabana, criadas a partir do entrosamento da dupla Bôscoli e Lyra e, mais tarde, da parceria Bôscoli e Menescal. O novo repertório chamou atenção de um inquieto executivo da gravadora Odeon. Nascido na Síria, criado na França, desertor da Guerra da Argélia,

André Midani fugira para o Rio disposto a não voltar tão cedo – e teve certeza de que não deveria fazê-lo depois de ser convidado para uma roda de violão no edifício 2.853 da avenida Atlântica.

Levado ao apartamento pelo fotógrafo Chico Pereira, amigo da turma, Midani surpreendeu-se ao notar que Tom e Vinicius não estavam sozinhos na luta pela modernização da música brasileira. Mais do que isso: ele poderia aproveitar a energia daquela garotada para convencer os diretores da Odeon, ainda céticos quanto à viabilização comercial das harmonizações propostas pela dupla de *Orfeu da Conceição*, a olhar com mais atenção para o que estava acontecendo.

Midani entrosou-se imediatamente com Bôscoli. Os dois concordaram sobre o imenso potencial artístico de outro músico da noite carioca, este ainda um completo desconhecido e que de vez em quando aparecia nos saraus, quase sempre de madrugada. Os dois puderam atestar, antes da maioria, a genialidade de João Gilberto – Bôscoli ouvindo-o ensaiar centenas de vezes a mesma música no sofá de seu apartamento e Midani como testemunha ocular da estreia de João no estúdio da gravadora, dando uma canja no novo álbum de Elizeth Cardoso, *Canção do amor demais*, gravado em abril de 1958.

Com doze canções de Tom e Vinicius – e belíssimos arranjos do pianista –, o álbum era um assombro, mas estava longe de ser um disco de bossa nova. Nem poderia. Elizeth, habituada ao samba-canção, não cantava à maneira de João Gilberto, presente no disco – sem cantar – em duas músicas, "Chega de saudade" e "Outra vez". Em ambas, porém, ouvia-se a revolucionária batida de violão inventada pelo músico baiano.

Bôscoli e Midani juntaram-se a Tom Jobim na missão de convencer o todo-poderoso diretor artístico da Odeon a gravar um disco de João Gilberto. O trio sabia que não seria fácil convencer Aloysio de Oliveira, ex-Bando da Lua, uma das lendas vivas da música brasileira, recém-chegado dos Estados Unidos, a apostar as fichas num mero desconhecido que, ainda por cima, cantava baixinho, sem vibrato. Para Aloysio, ninguém poderia fazer sucesso dispensando por completo o operístico "dó de peito", uma instituição da música brasileira.

Aloysio mudou de ideia radicalmente ao ser levado por Dorival Caymmi para testemunhar, em pessoa, João cantar e tocar. O diretor da Odeon, assombrado, saiu do encontro disposto ainda a gravar um LP com duas músicas interpretadas por João – "Chega de saudade" e "Bim bom" –, assim como liberou Midani, Tom e Bôscoli a pensarem juntos no disco de estreia de João Gilberto.

A essa altura, Bôscoli já trabalhava como colaborador da Odeon, com a missão de auxiliar Midani no contato dos artistas com a imprensa. Uma moleza para o letrista, com trânsito em todas as redações do Rio. Difícil seria convencer Aloysio a também olhar com atenção para a patota da avenida Atlântica.

Não havia um João Gilberto em cada esquina de Copacabana. O deslumbramento do diretor da Odeon com o músico de Juazeiro se deu muito mais pelo impulso rítmico de seu violão, a batida moderna e inovadora, do que propriamente pelo canto, que, aos apurados ouvidos de Aloysio, lembrava Mário Reis ou até mesmo Orlando Silva em sua primeira fase como cantor, mais lírica e refinada.

Bôscoli sacou que, para seduzir Aloysio, seria preciso dar um verniz mais comercial ao movimento que começava a ser gestado no apartamento de Nara. Midani ajudou, sugerindo que o jornalista passasse a escrever letras que dialogassem mais intensamente com o público jovem, em especial com o espírito da Copacabana daqueles tempos.

Para Bôscoli, não havia dúvida: boa parte desse espírito vinha da beleza e do charme das garotas do bairro, lindas e de vanguarda, bronzeadas a caminho do mar. Não era o caso de Nara, que, branca como a neve, não frequentava a praia, não se maquiava e se vestia com a simplicidade de uma secundarista – e cujo comportamento, melancólico, estava distante da temática proposta por Midani.

Em contrapartida, Nara, aos olhos de Bôscoli, parecia ter algo que poucas possuíam. A atitude *cool*, as roupas, o joelho de fora, o cabelo, o andar, os trejeitos, tudo, absolutamente tudo, era bossa--nova. Foi pensando na quase namorada e em outras conquistas do passado que Bôscoli, incentivado por Midani, começou a compor compulsivamente.

A partir de uma brincadeira musical de Carlinhos Lyra com a abertura de *O Gordo e o Magro*, Bôscoli fez outra letra, parodiando também um tema popular: a fábula *Chapeuzinho Vermelho*. No fim dos anos 1950, nada poderia soar mais sugestivo e provocador do que "Lobo Bobo":

> *Era uma vez um Lobo Mau*
> *Que resolveu comer alguém*
> *Estava sem vintém*
> *Mas arriscou*
> *E logo se estrepou...*

Parte da crítica (para Lúcio Rangel, não passava de "um samba armado em burrice") achou a letra de mau gosto. Os censores também, que exigiram de Bôscoli a troca de "comer alguém" por "jantar alguém", como se a simples troca de verbo fosse suficiente para mudar o sentido lascivo da letra.

Bôscoli arriscou-se e transou com Nara no tapete da sala do doutor Jairo. Antes que se encrencasse por tirar a virgindade de uma menina de 16 anos, filha de um influente advogado – na época havia dois caminhos possíveis, o casamento ou a prisão – Bôscoli, covardemente, sumiu, evaporou-se.

Nara ficou com muito medo de estar grávida e procurou o jornalista, sem conseguir encontrá-lo. Desesperada, deprimida, não contou nada a ninguém, nem à mãe, nem à irmã mais velha, com quem ainda não havia estabelecido uma relação de cumplicidade – o que aconteceria alguns anos depois, quando Danuza a procuraria para dizer que ia se separar de Samuel Wainer para casar com o compositor e cronista – e empregado de seu marido – Antônio Maria.

Foi Samuel que Nara procurou ao descobrir, aliviada, que não engravidara de Bôscoli. Um momento oportuno para deixar de ser o bibelô da turma e se aventurar em outro ambiente estritamente masculino, mas no qual, pelo menos, ela não fosse tratada com indiferença. O dono da *Última Hora* aceitou o pedido da cunhada e Nara, aos 16 anos, começou como estagiária do "Tabloide UH", o caderno de variedades criado por Alberto Dines.

A partir da amizade com Roberto Menescal e da consequente abertura de sua casa para que jovens transformassem o apartamento no QG de um novo movimento, Nara acreditou que a música podia servir como um passo importante para que ela, enfim, amadurecesse como mulher. Mas em depoimento à revista *Manchete*, em 1966, para a série "Meu encontro com Freud", em que personalidades falavam sobre os problemas existenciais, Nara revelou quanto o contato com alguns músicos, no começo da carreira, contribuiu para que ela se tornasse ainda mais frágil emocionalmente:

> *Sempre tive um excessivo sentimento de culpa pela desgraça alheia e pensei que todos os que me cercavam não gostavam de mim. Apesar de estar sempre acompanhada, eu me sentia ilhada e, até os 19 anos, a ideia do suicídio era constante. [...] Meus casos de amor sempre foram complicados porque eu os escolhia de acordo com as minhas necessidades neuróticas.*

A entrada para o jornalismo empurrou Nara de volta para a música, dessa vez de forma definitiva. Primeiro, pela falta de vocação da acanhada estagiária, que apenas escreveu o perfil da Miss Flamengo e ajudou na seção de horóscopo. Se fosse para perder tempo escrevendo sobre os astros, que ela retornasse ao canto e violão. Foi o que Nara ouviu do próprio chefe, Moisés Fuks, editor do "Tabloide UH" e frequentador dos saraus da avenida Atlântica – a irmã do chefe havia sido uma das alunas da academia de Menescal e Lyra.

O editor de variedades contou a novidade para Nara: ele e Bôscoli estavam organizando a primeira apresentação pública da turma, que ocorreria no auditório Grupo Universitário Hebraico do Brasil, no Flamengo, do qual Fuks, filho de judeus poloneses, era diretor artístico. Nara já sabia de tudo – e não teria como ignorar: além de Chico Feitosa, repórter do "UH", Ronaldo Bôscoli era o novo responsável pela coluna do tabloide.

Dizendo-se arrependido, o Lobo prometeu o céu à Chapeuzinho: não só assumiria o namoro como a carreira de Nara. Mais do que isso: faria dela a principal intérprete de suas canções, a musa existencial do movimento, a eterna fonte inspiradora. De início, Nara desconfiou de tantas promessas, ainda mais vindas de um sujeito tão pouco confiável e fanfarrão como Bôscoli, mas no fim se deixou levar pela lábia do jornalista, cada vez mais solto como letrista.

Era mesmo impossível resistir a um compositor tão sedutor. Se para cada discussão amorosa com Nara ele fizesse uma música como "Se é tarde me perdoa", estava tudo certo:

Se é tarde, me perdoa
Eu cheguei mentindo
Eu cheguei partindo
Eu cheguei à toa

Ao assumir o papel de porta-voz da turma, Bôscoli fez de tudo para fazer do show no Grupo Hebraico um acontecimento, o marco inaugural de um novo movimento musical. Não seria fácil. Ninguém ali era bastante conhecido para atrair a atenção da imprensa. Tom Jobim, que de vez em quando aparecia nos saraus da avenida Atlântica, cumpria exaustiva agenda de trabalho como arranjador e pianista – tinha filhos e aluguel para pagar – e não desmarcaria compromissos importantes para tocar entre debutantes.

Bem menos conhecido que Tom, mas prestes a lançar um disco histórico pela Odeon, João Gilberto era a esperança de Bôscoli, que planejava apresentar no Hebraico uma prévia de *Chega de saudade*. O problema de João era o temperamento, não a falta de tempo. Os músicos já conheciam o seu jeito de ser. Nas reuniões no apartamento de Nara, o cantor aparecia sempre de madrugada. Antes de entrar, jogava pedrinhas na janela do terceiro andar. Nara e Bôscoli desciam, diziam quem estava no sarau, e, dependendo de quem fosse citado, João subia ou se mandava.

Havia também os que preferiam não ver João por perto. Era o caso de Elizeth Cardoso, que se irritara com o estreante durante as gravações de *Canção do amor demais*. Obsessivo e perfeccionista, João não se limitou a tocar a revolucionária e genial batida de violão em "Chega de saudade" e "Outra vez" – queria, a qualquer custo, ensinar Elizeth a cantar "do jeito certo", ou seja, à sua maneira, as duas faixas. Se João cometera a ousadia de desafiar A Divina, o que faria no auditório do Clube Hebraico tocando ao lado de garotos, a maioria seus fãs?

A segunda escolha de Bôscoli estava à disposição e sabia bem das idiossincrasias de João, seu ex-namorado. Sylvinha Telles, além de mais conhecida que todos ali, tinha gravado um disco pela Odeon e apresentado um programa na TV Rio – e seu canto era muito mais semelhante ao de João que o de Elizeth. Aliás, Nara também. Mas a promessa de Bôscoli de torná-la a principal intérprete do movimento ficaria para outro momento. Ele precisava, primeiro, garantir visibilidade ao show no Hebraico.

Tudo para Nara acabava em sofrimento e angústia. Se parte da turma a rejeitava como cantora, inclusive Bôscoli, tratando-a com indiferença, achando que pelo seu jeito tímido ela nunca encararia um palco ou estúdio de uma grande gravadora, a filha de doutor Jairo também não se ajudava muito – bastava alguém criticá-la para ela voltar à fase caramujo.

Quando os amigos, enfim, passaram a encorajá-la a cantar, Nara também se recolheu. A ideia de uma apresentação em público a amedrontava. Estimulada pelo namorado a interpretar duas músicas do Hebraico – "Fim de noite" e "Se é tarde me perdoa" –, não disse nem sim, nem não. Tomaria a decisão na hora.

Enquanto isso, Moisés Fuks cuidava dos preparativos para o show no auditório do Grupo Universitário, na rua Fernando Osório, no Flamengo. Mais difícil do que conseguir cadeiras para todo mundo – por volta de 300 pessoas, entre sócios do Hebraico e alunos da PUC e do Mallet Soares (metade teria de assistir de pé) – foi bolar o cartaz da apresentação.

Se dependesse da popularidade dos artistas presentes, seria melhor não colocar nada no cartaz. Ou apenas o nome de Sylvinha Telles, razoavelmente conhecida. Mas como dar o devido crédito aos amigos estreantes? Pensando em Noel Rosa, em Sérgio Porto e outras ilustres figuras da boêmia carioca, Fuks afinal criou uma frase para atrair público e que entrou para a história da música brasileira: "Hoje: Sylvia Telles e um grupo bossa nova".

Sabia-se, até então, que bossa era um neologismo criado para designar alguém que dispunha de um talento especial. A palavra aparece num samba de Noel, "Coisas nossas" ("O samba, a prontidão e outras bossas/ São nossas coisas, são coisas nossas"), e se incorporou à fala carioca.

O jornalista Sérgio Porto ouviu pela primeira a expressão "bossa nova" de um pequeno engraxate, que, impressionado com seu mocassim sem cadarço, teria dito: "Bossa nova, hein, chefe?". Ela passou, então, a aparecer nos textos de Stanislaw Ponte Preta como sinônimo de algo novo, charmoso, de vanguarda – nada mais justo, portanto, que a turma da avenida Atlântica, capitaneada por Ronaldo Bôscoli, se apropriasse do termo. Para sempre.

Os estudantes e os sócios do Hebraico testemunharam o primeiro show oficial da bossa nova. A imprensa, não. Nenhum jornal registrou os grandes momentos musicais daquela noite – nem os micos que ocorreram. Chamada ao palco por Bôscoli entre a metade e o final da apresentação, Nara tremia tanto que o namorado teve de segurar o microfone para que ela não o derrubasse. Quando se postou para cantar, a voz não saiu. Sylvinha Telles foi chamada de volta para substituí-la, e Nara jurou nunca mais pisar num palco.

Tanto que ela nem se atreveu a sair da plateia em outro show histórico da bossa nova, esse sim acompanhado de perto pela imprensa e por uma grande gravadora. André Midani, representando a Odeon, deu apoio total, e a PUC abriu as portas para o 1º Festival de Samba-Session, que seria realizado em setembro de 1959. O evento, organizado pelo diretório acadêmico da Faculdade de Direito, dessa vez teria, além da turminha bossa nova, três atrações de peso: Sylvinha Telles, Alaíde Costa e Norma Bengell.

O reitor da universidade, padre Laércio Dias de Moura, não gostou do que viu. Ou do que teria sido obrigado a ver. Norma Bengell, a exuberante vedete do rebolado da boate Night and Day, onde se apresentava praticamente nua, podia mostrar o belo corpo quando quisesse, mas não em uma instituição regida por autoridades eclesiásticas. Laércio Dias, afrontado, decidiu pelo veto a Norma. Em solidariedade a ela, iniciando a carreira como cantora, os organizadores procuraram outra escola, a Faculdade Nacional de Arquitetura da Universidade do Brasil.

O show virou uma manifestação contra a censura. Norma estava toda de preto, o vestido, as luvas e as meias, igual a Sylvinha Telles e Alaíde Costa. Na plateia, também de preto, joelhos à mostra, Nara apenas aplaudia os amigos e o namorado, que, embora conhecido pela desafinação, sentiu-se no direito de cantar. Nada mais justo para quem tinha conseguido tirar a bossa nova da obscuridade.

Livre temporariamente das síndromes de pânico, Bôscoli fez a lição de casa. Os colegas jornalistas já sabiam que a bossa nova não era apenas um estado de espírito e sim um gênero musical, capitaneado por João Gilberto, Tom Jobim e Vinicius de Moraes, prestes a ser absorvido pelo *establishment*.

A revista O *Cruzeiro* sugeriu um encontro dos próceres do movimento com a turma mais jovem na casa de Bené Nunes, merecido anfitrião. Até o menos jovem de todos, Ary Barroso, curioso com tudo aquilo, apareceu no jantar. Lá estavam Tom Jobim, João Gilberto, Ronaldo Bôscoli, Roberto Menescal, Sylvinha Telles, Oscar Castro Neves, Luiz Bonfá e Nara Leão, que pouco falou, mas foi apontada como uma das revelações da bossa nova na matéria de dez páginas. Só faltou cantar.

Agora era pra valer: Nara estava escalada para se apresentar no show organizado e promovido por Bôscoli, o "Segundo Comando da Operação Bossa Nova", que ocorreria no auditório da Escola Naval em 13 de novembro de 1959. O aviso havia sido dado pelos amigos, inclusive por Bôscoli: se na última hora ela resolvesse não subir ao palco, eles tratariam de empurrá-la até lá.

Para uma menina de 17 anos, cheia de neuroses, não havia espetáculo mais intimidador. Primeiro, eles estariam ali prestando homenagem à cantora e compositora Dolores Duran, morta no mês anterior aos 29 anos, vítima de enfarte. Nara também sabia da importância de Dolores na modernização do samba-canção e, consequentemente, no nascimento da bossa nova. Para homenageá-la, Bôscoli teve a ideia de convocar Lúcio Alves para cantar "Por causa de você", a parceria de Dolores com Tom Jobim.

Nara pediu a Bôscoli para não entrar depois de Lúcio Alves – que ele a empurrasse o máximo possível para o fim do show, quando o público começasse a se dispersar. Mas achando que não deveria dar corda à insegurança da namorada, o jornalista escalou-a para cantar logo depois da segunda apresentação da noite, após Normando Santos reverenciar Dolores com a interpretação de "A noite do meu bem".

Bôscoli deixou que Sylvinha Telles anunciasse a próxima atração da noite. Nara, atrás das cortinas, ouviu, surpresa, Sylvinha gritar seu nome: "Meus amigos, quero apresentar a vocês, agora, um dos mais novos elementos da bossa nova, que faz hoje sua primeira apresentação ao público: Nara!".

Seu primeiro impulso foi correr em direção ao fundo do auditório. Enquanto o público batia palmas, à espera da estreante, ela tentava, sem sucesso, abrir a porta de saída. Sylvinha aproveitou para anunciar a banda que a acompanharia: "Calma, que ela ainda não cantou. E também será acompanhada por um conjunto vocal muito novo, que é tão novo que ainda não tem nome: Oscar Castro Neves, Climene e Roberto Menescal".

Em depoimento ao Museu da Imagem e do Som, anos depois, Nara contou que a surpresa preparada por Bôscoli intensificou o seu medo:

> *Quando Sylvinha começou a falar, desconfiei que era comigo. Tentei fugir a tempo, mas a porta do auditório estava trancada. Então, ela me chamou ao palco e eu entrei em pânico. Cantei de costas para o público, quase chorando.*

A estreia, a fórceps, poderia abreviar de uma vez uma carreira que nem havia começado. Mas, a partir do ano seguinte, uma nova Nara Leão surgiria para a música, e não seria pelas mãos do namorado e porta-voz da bossa nova. Ela seria abraçada, calorosamente, por outra patota: a do Cinema Novo.

CAPÍTULO 4
DE FRENTE

Uma das primeiras adolescentes do Rio a fazer análise, por necessidade e curiosidade – também lia muito sobre o tema –, Nara conseguiu expurgar parte de seus demônios internos frequentando com regularidade o consultório do psicanalista Ivan Ribeiro, fundador e integrante da primeira turma do Instituto de Medicina Psicológica, ao lado de Hélio Pellegrino – os dois, aliás, atendiam na mesma clínica.

A timidez característica a perseguiria durante toda a vida, mas os surtos de pânico haviam diminuído a ponto de Nara encarar– e não mais de costas, como na estreia no auditório da Escola Naval – a seleta plateia que se reunia para ver os *pocket shows* organizados por Ronaldo Bôscoli. O letrista, militante incansável da bossa nova, se tornara o mestre de cerimônias do gênero, promovendo encontros musicais na casa de grandes nomes da elite cultural da cidade, quase sempre com a presença da imprensa.

Nara, mesmo sem querer, roubou a cena, em fevereiro de 1960, ao se apresentar na residência do poeta, editor e empresário Augusto Frederico Schmidt usando macacão jeans – outra de suas involuntárias contribuições para a moda feminina – e cantando à maneira de João. Responsável pela coluna "JB em Sociedade", uma das mais lidas do *Jornal do Brasil*, Pedro Müller se surpreendeu com o canto ao mesmo tempo "tímido e malicioso" da jovem cantora de cabelos curtos e "roupa diferente".

A sessões de terapia com Ivan Ribeiro também coincidiram com uma fase de aproximação, pela primeira vez, de Nara com a até então inatingível e independente irmã mais velha, que vivia um turbilhão emocional. Todos no Rio sabiam, inclusive o marido: Danuza Leão decidira se separar de Samuel Wainer para morar com o cronista e compositor Antônio Maria.

A separação virou um dos escândalos mais comentados das colunas sociais. Jairo Leão, até então tão condescendente, foi colocado à prova e não aguentou o tranco: rompeu relações com a primogênita e proibiu Antônio Maria, frequentador das rodas de pôquer, de pisar no apartamento da avenida Atlântica. Danuza, no livro de memórias *Quase tudo*, recorda quanto se aproximou de Nara nessa fase difícil da vida:

> *O mundo caiu em cima de mim, e meu pai, tão liberal, rompeu relações comigo de maneira violenta. Foi aí que eu e Nara nos aproximamos de verdade. Era a única pessoa que me ouvia, [em] que eu podia confiar.*

Antônio Maria primava pela fealdade ao mesmo tempo que era conhecido pelo irresistível charme e sarcasmo de seus textos, quase o avesso do melancólico letrista de sambas-canções, mestre da dor de cotovelo. Ninguém praticava a autoderrisão com tanta graça quanto o cronista pernambucano: "As mulheres já não os suportam e se bandeiam, aflitas, para nós, que somos confortavelmente feios, encantadoramente feios, venturosamente feios".

Não foi só Danuza que se bandeou para os lados de Maria. Nara também se apaixonou pelo cronista, mas platonicamente – admirava-o pela inteligência e pela ausência das afetações tão comuns entre a sua turma. Nara passou a frequentar quase que diariamente o apartamento do novo casal, na Fonte da Saudade, causando desconforto entre os colegas músicos, mais ainda no namorado. Ronaldo Bôscoli era um dos alvos preferidos da coluna diária "Jornal do Antônio Maria", publicada em O Jornal.

O letrista Antônio Maria foi fundamental para consolidar o samba-canção como gênero e colaborar com a resistência à invasão do bolero na música brasileira. Suas composições alcançavam alta carga dramática, mas sem perder a sofisticação – e lhe davam moral para caçoar do excesso de pose dos bossa-novistas. Se eles se achavam os baluartes do bom gosto e do refinamento musical, que fizessem letras à altura das harmonias. Com exceção de Vinicius, amigo e parceiro, Maria achava parte do cancioneiro da bossa nova infantil e tola. O cronista implicava sobretudo com Bôscoli:

> E as letras de Ronaldo Bôscoli? Qualquer psiquiatra que as examine dará o diagnóstico na perna: esquizofrenia. Claro, vai nisso minha prodigiosa má vontade com o menor e o pior. Mas, sem exagero, não há quem submeta a letra de "Canção que brinca no ar" ao exame de um psiquiatra (ou psicanalista ou psicólogo) de sua predileção. Ele diria que uma palavra não tem nada a ver com a outra e que juntas não fazem sentido. Nem ao menos o sentido da beleza, que poderia ser vaga ou até mesmo subjetiva.

Natural que houvesse um clima de antagonismo entre os artistas do samba-canção e da bossa nova, mesmo com estilos tão semelhantes. Uma turma estava, na prática, tomando o lugar da outra. E não interessava que Maria fosse parceiro de Vinicius, de Ismael Netto ou de Luiz Bonfá, compositores admirados – e gravados – pelos arautos do novo gênero musical. Para Bôscoli, porém, os ataques de Maria à bossa nova davam publicidade ao movimento e, de certa maneira, eram bem-vindos. Já a proximidade do cronista com Nara, não.

Bôscoli também não perdoava de jeito nenhum o fato de Nara se afinar com Carlinhos Lyra, que considerava, àquela altura, o judas da música brasileira. Os dois parceiros estavam rompidos desde a decisão de Lyra de não participar do disco que a Odeon, capitaneada por Aloysio de Oliveira e André Midani, havia prometido para lançar os principais compositores da bossa nova. Uma antologia com o melhor do gênero que incluía, claro, muitas parcerias de Bôscoli com Lyra, a maioria inéditas.

Lyra estava em outra. Engajado politicamente, filiado ao Partido Comunista Brasileiro (PCB), acompanhava atento os desdobramentos que dariam na criação do Centro Popular de Cultura (CPC), no começo dos anos 1960. Fundado a partir de uma associação de ativistas da União Nacional dos Estudantes (UNE) com lideranças do teatro, do cinema e da música, o CPC estava no campo oposto do discurso solar e praiano da bossa nova.

A instituição nasceu em 1961 na esteira da "Cadeia da Legalidade", a mobilização civil e militar liderada por Leonel Brizola destinada a garantir a posse de João Goulart na Presidência após a renúncia de Jânio Quadros. A ordem era aproximar as atividades culturais dos movimentos políticos e sociais, promover, segundo o seu estatuto, uma arte popular revolucionária, "entender urgentemente o mundo em que vive" para "romper os limites da presente situação material opressora".

Arte revolucionária? Romper os limites da situação opressora? Não seria com o repertório de bossa nova, dedicado exclusivamente a romper corações, que Lyra ganharia o respeito do núcleo fundador do CPC, composto pelo dramaturgo e diretor Oduvaldo Vianna Filho, o Vianninha, o cineasta Leon Hirszman e o sociólogo Carlos Estevam Martins. Como convencê-los de seu real engajamento sendo um dos responsáveis por parte da antologia da bossa nova?

> *Quando eu te deixar/ Vou levar papel em branco/ Espalhar por cada canto um barco de papel [...] Brinca no ar/ Um resto de canção/ Um rosto tão sereno/ Tão quieto de paixão [...] Quando estiver em teus braços/ Pensa somente em nós dois/ Fecha de leve os teus olhos/ E abre os teus lábios depois [...] E eu querendo/ Sem querer/ A minha vida não tem saída porque/ Não quero saber de você.*

Em depoimento ao livro *Do samba-canção à Tropicália*, organizado por Paulo Sérgio Duarte e Santuza Cambraia Naves (Faperj, 2003), Carlinhos Lyra admite ter liderado o processo de cisão estética entre as duas esferas do movimento, a lírica e a engajada:

> A bossa nova resolveu a questão das formas literária, musical e interpretativa, com João Gilberto cantando com aquele jeito peculiar e com aquele violão preciso. E isso foi numa época de ouro: 1956 em diante até 1960, 1961. [...] Então eu comecei a me ressentir daquilo, porque naquela época eu era socialista de carteirinha e fazia questão de que as coisas tomassem um rumo para a integração dentro do processo social. Nós sentíamos que precisávamos mudar aquela mesmice de amor, sorriso e flor.

O CPC passou a ter várias lideranças artísticas, cada uma responsável por agitar sua respectiva área de atuação, conectando-a às massas: Vianninha (teatro), Ferreira Gullar (literatura), Leon Hirszman (cinema) e Carlinhos Lyra (música). A essa altura, a bossa nova havia rachado; nomes importantes passaram para o lado dos engajados. Vinicius de Moraes, responsável por boa parte do lirismo característico do grupo, foi um deles.

Nara também entrou de cabeça, levada por Carlinhos Lyra, o "Comuna", como Bôscoli passou a se referir ao ex-parceiro. No centro nervoso do CPC, a cantora se viu diante de um novo mundo, completamente diferente da bossa nova, mais libertário e amplo, conectado à realidade do país. Interessada por cinema desde a adolescência, ficou fascinada com a montagem de *Cinco vezes favela*.

O filme, dividido em episódios, entrou para a história por revelar jovens e talentosos cineastas – Cacá Diegues, Joaquim Pedro de Andrade, Leon Hirszman, Paulo César Saraceni, Marcos Faria e Miguel Borges. E também por promover a renovação estética no cinema brasileiro, absorvendo aspectos da cultura popular e se ligando às massas com mais profundidade – como desejava Leon Hirszman, diretor do CPC e produtor do filme.

Os cinco curtas-metragens, uma incursão realista às favelas cariocas, impactaram Nara de tal forma que ela trocou de turma. A cantora juntou-se ao quinteto e aos outros diretores – Glauber Rocha, Nelson Pereira dos Santos e Ruy Guerra – exatamente no momento em que era gestado um dos mais emblemáticos movimentos artísticos da época: o Cinema Novo.

Nara estava disposta a aprender técnicas de cinema. Em depoimento dado ao Museu da Imagem e do Som, em 1977, revelou que a convivência com os cineastas lhe despertou pela primeira vez a percepção da realidade social do país, algo praticamente ignorado nas reuniões no apartamento da avenida Atlântica:

> [...] Nessa época, eu achei que ia ser montadora de cinema, fui aprender montagem, e tive uma certa convivência com essa realidade. Não foi através do morro mesmo não, foi através do cinema [...].

Portanto, a versão propagada por Bôscoli e por um escritor, que se propuseram a contar a história da bossa nova, de que Nara, ressentida, rompeu com o gênero após o fim do namoro com o letrista, não se sustenta. Primeiro, ela nunca deixou de cantar bossa nova, mesmo após o fim do relacionamento, em 1961 – há vários registros de shows após essa data com Nara interpretando canções de Bôscoli, Lyra e Menescal.

O encantamento com os sambistas de morro, como Zé Kéti, Cartola e Nelson Cavaquinho, também não se deu por causa da desilusão amorosa – seria primário pensar assim. Aconteceu depois que o renovado Carlinhos Lyra a levou a conhecer o CPC e os expoentes do Cinema Novo.

E mesmo que o repertório do disco de estreia, em 1964, não tivesse uma só canção de bossa nova – e sim muitos sambas de morro –, ele não deixava de ser, por conta da interpretação de Nara, das harmonias e dos músicos envolvidos, um disco cheio de bossa. Assim como eram – antes de o gênero nascer – os álbuns de Dorival Caymmi, Ary Barroso, Sylvinha Telles, Mário Reis, Dick Farney e Tito Madi.

De real, apenas o desprezo que Nara passou a ter por Bôscoli após o envolvimento dele com Maysa. O que mais pesou foi a maneira como ocorreu. A mercurial intérprete era a própria antípoda de Nara. Emotiva e impulsiva, Maysa não resolvia os problemas existenciais no divã – e sim no palco, cantando com intensidade e, se preciso, quando contrariada, jogando os sapatos na plateia.

Em 1961, poucas cantoras faziam mais sucesso que Maysa. Bôscoli sabia disso. Mesmo que ela estivesse distante dos temas da bossa nova, trazer uma artista com sua força midiática poderia conferir mais popularidade ao gênero, ainda restrito à Zona Sul. Maysa também gostou da ideia de ter o nome associado a um tipo de música mais sofisticado e se apaixonou por uma canção que Bôscoli e Menescal haviam feito especialmente para Nara gravar: "O barquinho".

A aproximação profissional evoluiu com rapidez para um *affair*, acelerado após Bôscoli incluir Maysa na turnê da bossa nova pelo Chile, Uruguai e Argentina. Enlouquecida por Bôscoli, sabendo que o jornalista provavelmente voltaria para os braços de Nara assim que retornasse ao Brasil, a cantora de "Meu mundo caiu" tratou de marcar terreno à sua maneira.

De um hotel em Buenos Aires, ligou para um executivo da Columbia, pedindo que convocasse a imprensa para acompanhar a sua chegada ao Rio. O motivo: ela tinha uma "bomba" para anunciar. Os repórteres correram para o Galeão. Após o desembarque no aeroporto, logo se soube qual era a grande notícia: Maysa ia se casar com Ronaldo Bôscoli.

O anúncio pegou todo mundo de surpresa, inclusive o mais novo noivo do Rio de Janeiro. Bôscoli pensou em Jairo Leão, nas sapatadas que levaria de Maysa durante a lua de mel – e, claro, em quanto ficaria ainda mais difícil a desgastada relação com Nara. Dessa vez ele tinha um grande motivo para sumir do mapa.

O jornalista escondeu-se por alguns dias no Hotel Plaza, até ser arrancado de lá por Maysa. A cantora deu o ultimato: que ele fosse macho o suficiente para assumir a relação – era tarde demais para mudar de ideia. Bôscoli cumpriu parte do combinado: Maysa gravou o tão esperado disco de bossa nova pela Columbia, *Barquinho*, um tremendo sucesso, como desejava Bôscoli. O namoro, entre tapas e beijos, durou alguns meses.

Nara saiu mal da história, mais chateada com a covardia do namorado do que com o fim de uma relação que não ia bem. Após sair do refúgio, Bôscoli pensou em dizer para Nara que tudo aquilo era um engano, uma história inventada por Maysa, mas, por medo da reação de Jairo Leão, preferiu pedir a amigos que intercedessem por ele.

O letrista recorreu, primeiro, a um grande amigo de ambos, sem sucesso. Menescal marcou um encontro com Nara na esquina da rua Santa Clara com a avenida Atlântica. Foi ali entregar as alianças de noivado compradas por Bôscoli. Nara não disse uma palavra. Pegou as alianças e as atirou no meio da movimentada avenida.

Bôscoli tentou uma última cartada. Na redação da revista *Manchete*, implorou a ajuda do diretor de teatro, diplomata e poeta, um dos mais respeitados intelectuais do país: Pascoal Carlos Magno. Ele teria apenas que pegar o telefone, ligar para a casa de Nara, identificar-se e reproduzir o que Bôscoli ditava.

Deu tudo errado. Nara percebeu na hora, pelo tom meloso, que aquele decano do teatro brasileiro estava reproduzindo palavras do outro. Ainda por cima, Bôscoli, ansioso, passou a sussurrar mais alto do que deveria. No outro lado da linha, a cantora reconheceu o dono da voz e alertou Pascoal que não perdesse mais tempo com essa tolice.

Pascoal desligou e disse ao letrista que a namorada percebera a farsa e que o telefonema, pelo jeito, só havia piorado ainda mais as coisas. Desesperado, Bôscoli decidiu ligar ele mesmo para Nara.

– Nara, aqui é o Ronaldo Bôscoli.

Depois de um longo silêncio, ouviu-se um suspiro, seguido de uma pergunta:

– Quem é Ronaldo Bôscoli?

Nara não teve tempo nem de curtir uma possível fossa. Dias depois, já estava namorando um diretor de cinema.

O CPC não precisou cobrar engajamento de Ruy Guerra. Ele já veio ao mundo politizado. Nascido em Lourenço Marques (atual Maputo), em Moçambique, filho de uma família da classe média portuguesa, passou parte da juventude numa cidade dividida entre brancos e negros, marcada por injustiças sociais e pela ditadura salazarista.

O forte sentimento contrário ao colonialismo o colocou na linha de frente de movimentos antirracismo e pró-independência de Moçambique e também em contato com a cultura brasileira, atraído pelas semelhanças entre as duas ex-colônias portuguesas. Leu de escritores como Erico Verissimo e Jorge Amado a poetas como Jorge de Lima, Manuel Bandeira e Carlos Drummond de Andrade.

Apesar de reconhecer que os estudos em Paris, na década de 1950, como aluno do prestigiado Institut des Hautes Études Cinématographiques (IDHEC), foram fundamentais para o seu amadurecimento artístico e intelectual, Ruy não se sentiu confortável na capital francesa. Convidado para dirigir um filme no Brasil sobre uma das lendas da Amazônia, vendeu a passagem de volta dias após chegar ao Rio, em julho de 1958. O filme nunca foi rodado, mas ele ficou.

Ruy se entrosou com os diretores do CPC, sobretudo com o cantor e compositor Sérgio Ricardo, que o levou para uma roda de bossa nova no apartamento de Nara. O moçambicano encantou-se com o que ouviu – e viu:

> *Fiquei impressionado com Nara e suas contradições. Num primeiro momento, ela parecia carregar todos os clichês de menina. A baixa estatura, o corpo mignon, a franja caída na testa, a timidez, a voz pequenininha. Mas essa fragilidade era só aparente. Ela tinha uma postura interior muito forte, um horizonte, um jeito calmo e ao mesmo tempo impositivo de articular as palavras e os pensamentos. Parecia que não estava enxergando nada ao seu redor, mas estava. E mais que todos os outros naquela sala. Eu só achava – e disse isso a ela – que Nara precisava cantar "para fora" e dar um jeito de sair daquela redoma imposta pelos pais e de certa forma por alguns companheiros de música.*

A conversa com Ruy abriu novas perspectivas para Nara, que o procurou disposta a trabalhar com cinema – queria participar das montagens dos filmes e, se possível, também dos roteiros. O moçambicano tornara-se um dos líderes naturais do Cinema Novo, por trazer uma bagagem europeia após os estudos em Paris e por ser pouco mais velho que a maioria dos expoentes do movimento.

Protagonismo, aliás, que causou certa ciumeira. O baiano Glauber Rocha chegou a acusá-lo, por ser estrangeiro, de "se meter no folclore brasileiro". O inquieto moçambicano, de fato, estava metido em tudo, inclusive em fazer Nara se livrar da redoma e se posicionar mais fortemente como mulher. Recomendados pelo namorado, Nara leu nomes de peso da literatura clássica e contemporânea – gostou especialmente de O segundo sexo, de Simone de Beauvoir, marco teórico do feminismo.

A cantora também foi convencida por Ruy a deixar para trás a ideia de fazer cinema para se dedicar apenas à música. Jarbas Barbosa, produtor de Os fuzis, o segundo longa-metragem de Ruy rodado no Brasil, até convidou Nara a participar como atriz, ideia rechaçada de pronto pelo moçambicano. Que ela continuasse soltando a voz nas aulas de canto com o autor da trilha sonora do mesmo filme, o maestro e arranjador Moacir Santos.

Nara estava pronta para ser Nara. Só faltava subir o morro.

CAPÍTULO 5

O MORRO TEM VEZ

Escalado para cuidar da parte musical dos espetáculos do CPC, Carlinhos Lyra ainda não tinha planos muito definidos para Nara. Mesmo que, estimulada por Ruy Guerra, ela se mostrasse interessada em participar das atividades organizadas pelo Centro Popular de Cultura, o compositor tinha um pé atrás em relação ao real engajamento de uma cantora criada na avenida Atlântica e tão fortemente associada à bossa nova.

Ao estigmatizar Nara, Carlinhos ignorava a própria origem – e da maioria dos expoentes do CPC –, estudantes universitários de classe média, rompidos com os valores burgueses e comprometidos com as causas sociais. E se havia alguém ali visceralmente ligado à bossa nova, este era Lyra, parceiro de Bôscoli em "Canção que morre no ar", "Sem saída" e "Se é tarde me perdoa", as três canções incluídas no seu terceiro disco, *Depois do Carnaval – O sambalanço de Carlos Lyra*, lançado em 1963.

Lyra se dizia catalisador de um novo movimento artístico, o sambalanço, neologismo que criou para distinguir a alienada e pueril bossa nova do que ele estava disposto a fazer: uma música afinada com as bandeiras de seu grupo político – a defesa dos valores da cultura brasileira e dos anseios do povo.

Não importava que o novo disco contasse com três canções escritas por Bôscoli, que fosse ainda tão bossa nova nas harmonias e nos arranjos (a direção musical ficou por conta de Luizinho Eça, bossa-novista autêntico). Até Nara, outra cantora bastante associada ao gênero, venceu a resistência de Lyra e deu uma canja, cantando "Promessa de você", a sua estreia em estúdio. Quase ninguém notou.

Depois do Carnaval deveria soar como um manifesto – era o que Lyra desejava. Assim a canção seria a ponte para um diálogo mais claro e intenso com o proletariado. Um pequeno devaneio burguês, como o próprio violonista reconheceria mais tarde, assumindo as suas contradições e se definindo como "politicamente proletário, economicamente burguês e artisticamente aristocrático".

Alguns recados, porém, foram dados em *Depois do Carnaval*. Lyra e Vinicius de Moraes, que haviam composto juntos o "Hino da UNE", dividiram novamente a parceria na bela e politizada "Marcha da Quarta-Feira de Cinzas". O Brasil estava a um ano do golpe militar e nada poderia soar tão premonitório: "Acabou nosso Carnaval/ Ninguém ouve cantar canções/ Ninguém passa mais/ Brincando feliz/ E nos corações/ Saudades e cinzas/ Foi o que restou".

Mas se não existiria revolução sem a real participação do povo, como pregava o núcleo duro do CPC, que Carlos Lyra cumprisse o papel de militante, sendo menos elitista e mais aberto às expressões populares. E isso só ocorreu, de fato, quando Vinicius o apresentou ao mais boa-praça dos sambistas cariocas: Cyro Monteiro.

Exímio cantor, querido entre os bambas, Cyro era levado por Vinicius aos encontros musicais na casa de Lyra, em Ipanema. O anfitrião desejava escrever uma peça que fosse muito além do ainda tímido engajamento mostrado em *Depois do Carnaval*. Um musical com letras politizadas e, principalmente, mais próximo do ponto de vista estético do que era feito nos morros cariocas – e não do que os apartamentos da Zona Sul produziam.

A pedido de Lyra, Cyro fez descer dos morros a nata do samba carioca: Nelson Cavaquinho, Zé Kéti, Cartola, Heitor dos Prazeres, Ismael Silva. O dono do apartamento quase colocou tudo a perder ao servir cachaça e cerveja aos ilustres convidados – e não o uísque

que costumava repartir com Bôscoli. Cyro corrigiu a gafe a tempo, explicando a Lyra que pobre também gostava de bebida boa. Quase que a roda de samba não sai.

Deslumbrado com o que ouviu naquela tarde, a mais genuína expressão da música brasileira, Lyra lançou um novo pedido a Vinicius: que convencesse Tom Jobim a compor os arranjos do musical. Ele já tinha o roteiro na cabeça, construído a partir do mote dado pelo próprio Vinicius: a história de amor entre uma menina rica e um mendigo poeta. E até avisara a cantora que interpretaria a garota burguesa: Elis Regina.

Tom topou na hora. Mas achou estranho o convite feito a Elis. Para o papel da menina rica, ponderou o compositor, seria melhor uma cantora mais sofisticada e identificada com a elite carioca – e não uma artista gaúcha, recém-chegada ao Rio, ainda desconhecida. Por que não Dulce Nunes, a elegante cantora e esposa do pianista Bené Nunes, o anfitrião da bossa nova?

Assim que as parcerias entre Lyra e Vinicius foram brotando, Tom percebeu onde estava se metendo. Com filhos e uma família para sustentar, precisando dar conta todo mês do caro aluguel do apartamento em Ipanema, ele preferiu privilegiar a carreira internacional – uma chance, enfim, de ganhar um dinheirinho com a música.

Com Tom fora, Dulce, indicada pelo compositor, também resolveu deixar o musical – participou apenas, tempo depois, da trilha sonora original do espetáculo, lançado em disco pela CBS, em 1964.

Lyra decidiu ele mesmo escrever os arranjos e pediu ao maestro Radamés Gnattali que assumisse a orquestração. Resolvida essa questão, seria preciso achar a substituta de Dulce. Chamar Elis de volta, enfurecida após ser desconvidada por Tom, estava fora de cogitação. Foi Vinicius quem convenceu Lyra a enxergar o óbvio: ninguém interpretaria a menina rica melhor do que Nara Leão. Bastava ser ela mesma.

Nara demorou a aceitar o convite. Se nem na própria casa ela se sentia à vontade para cantar, muito menos nos pequenos auditórios das universidades, o que esperar da estreia profissional na badalada Au Bon Gourmet, em Copacabana? E os frequentadores estavam muito mal-acostumados. Um ano antes, na abertura da boate, João Gilberto, Tom Jobim e Vinicius de Moraes, a trinca de ouro da bossa nova, cantou por quarenta e um dias seguidos, sempre com a casa lotada.

O diretor de *Pobre menina rica* seria o mesmo do aclamado *pocket-show* da inauguração da boate: Aloysio de Oliveira. Na direção musical, o jovem e promissor pianista Eumir Deodato. Estrear com um timaço daqueles, num palco nobre de Copacabana, cantando músicas inéditas de Vinicius de Moraes e Carlinhos Lyra? Nara não podia jogar fora uma chance daquelas, argumentaram Ruy Guerra, Danuza – e o seu terapeuta.

Pobre da Nara. A temporada foi um desastre. Na estreia, no dia 28 de março de 1963, Aloysio bem que tentou tranquilizá-la, dizendo que ela estava ali "cantando para os amigos". Não adiantou. As três semanas se tornaram um martírio para a debutante. A maior dificuldade era cantar mais ou menos na hora em que estava acostumada a acordar. Conversar com as pessoas após o show também era um tormento. Nara não via a hora de voltar para as aulas matinais de cerâmica.

A insone cantora não agradou a parte da crítica. Na *Última Hora*, o jornal do ex-cunhado, o polêmico colunista Mister Eco cismou com a voz de "tom de travesseiro" da estreante e pediu coragem:

> *Não compreendo, jamais compreendi e não aceito explicações por que todo cantor de bossa tenha forçosamente que boquejar ao invés de cantar. [...] Refiro-me a Nara Leão, moça muito bem afinadinha, de bom timbre e dedilhando um violão promissor. Mas com a voz no tom de travesseiro. [...] Coragem, moça! Contrarie os cânones da bossa nova e dê liberdade à voz. Não se assuste. Você tem as ferramentas.*

Nara não contrariou os cânones da bossa nova. Ela os demoliu. A partir do musical na Au Bon Gourmet, o público conheceu também outra faceta da artista, que durante as entrevistas não lembrava em nada a cantora acanhada e introspectiva. O tom belicoso que adotava nas conversas com os jornalistas seria uma das marcas de sua carreira. Segura no espaço de casa, livre de cobrança e de fobias, Nara dizia o que pensava.

E naquele agosto de 1963, convidada a escrever para a revista *O Cruzeiro* sobre os desdobramentos da música popular brasileira, Nara soltou os demônios. Sobrou para a ex-turma:

> A forma do samba mudou, modernizando-se. O problema do intérprete era: conseguir o melhor som que ele pudesse. Elevou-se à enésima potência a preocupação da forma. O resultado disso, depois de esgotados os esquemas, foram músicas bonitas, mas sem sentido. Em favor de um constante abuso das palavras flor e passarinho, eram cortadas as que, consideradas fora de moda, correspondiam ao exato sentido da letra que se pretendia.
>
> A maneira de cantar da bossa nova é simplesmente influenciada pelo repertório. Se a melodia é rica, a letra tem um sentido, não há necessidade de maneirismo com a voz, podendo o intérprete se limitar a transmitir simples e corretamente o que o autor pretendeu dizer. Esses sá-bá-dá-bá-dá que se fazem hoje em dia são somente uma falsa noção do que pode ser uma contribuição à nossa música. Isso e outras coisas, feitas em nome de um modernismo, não passam de uma má imitação de um jazz de trinta anos atrás.

Ao afirmar que a bossa nova não tinha nada de moderno, que não passava de uma imitação grosseira do jazz americano, Nara dava um recado a todos os que insistiam em projetá-la como a nova princesinha da música brasileira, a doce e frágil menina da Zona Sul, pronta para pegar carona no sucesso do gênero. Ela estava em outra, e que isso ficasse claro, principalmente para Aloysio de Oliveira, que acabara de contratá-la para gravar seu primeiro disco.

O mais respeitado produtor de discos do país, antes reticente sobre a viabilidade estética e comercial da bossa nova, se tornara, desde o disco *Chega de saudade*, um entusiasta do gênero. O otimismo de Aloysio foi tanto que ele decidira pedir um empréstimo e montar a própria gravadora – na verdade um selo. Batizado de Elenco, abriria portas para os bossa-novistas e os medalhões da velha guarda que dialogavam com os novos, como Dorival Caymmi e Lúcio Alves.

As ambições de Aloysio eram mais estéticas do que comerciais. Com tiragem pequena – cerca de 2 mil discos prensados por artista –, ele estava totalmente livre para fazer as escolhas que bem entendesse, sem precisar dar satisfação a nenhum burocrata do departamento de vendas. E assim montou o *cast* dos seus sonhos – e dos sonhos dos amantes da boa música brasileira.

Aloysio tinha admiração por Nara. Sabia das suas limitações no palco, mas se impressionara, sobretudo, com a força do repertório, pronto para ser gravado – uma antologia da bossa criada na sala do apartamento de Copacabana. O disco de estreia de Nara sairia na segunda leva da Elenco, junto com o LP de Tom Jobim gravado nos Estados Unidos, *Antonio Carlos Jobim, The Composer of* "Desafinado", *plays*. Com isso, Aloysio colocaria na praça dois álbuns marcantes da bossa nova, um de artista consagrado e outro de uma cantora que prometia.

Faltava combinar com Nara. O texto escrito para *O Cruzeiro* achincalhando a bossa nova era um mau presságio, mas Aloysio achava – como muita gente na época – que se tratava muito mais de um resquício de mágoa da cantora com Bôscoli, após o caso com Maysa, do que propriamente um divórcio artístico definitivo. Afinal, pensava Aloysio, ela continuava a cantar bossa nova após o rompimento com o jornalista. Não faria o menor sentido jogar todo aquele repertório no lixo – e justamente na hora de gravar o primeiro disco.

O problema é que, nas andanças com Vinicius e Carlinhos Lyra, outro estilo de composição caíra no colo de Nara, tão rico quanto o primeiro, e com a vantagem de não ser parecido com nada daquilo que Aloysio estava disposto a gravar pela Elenco. "Vantagem" no ponto de vista de Nara. Para o produtor, uma cantora tão identificada com o ideário da bossa nova jamais deveria estrear em estúdio gravando músicas fora desse caminho.

Jairo Leão foi o primeiro a perceber que a faixa etária dos frequentadores das rodas de música organizadas pela filha havia mudado. Mudança, aliás, que causara danos irreversíveis ao estoque de bebidas da casa. Nara jamais cometeria a mesma desfeita de Carlinhos Lyra, e, enquanto estiveram na sala do apartamento da avenida Atlântica, os cinquentões Cartola e Nelson Cavaquinho puderam se servir à vontade do bom uísque do advogado.

O entrosamento de Nara com os dois gênios da Mangueira não foi imediato. De ambos os lados. Os sambistas demoraram a entender a razão pela qual uma dondoca da Zona Sul demostrara tanto interesse em suas composições. Não imaginavam que uma menina branca de Copacabana pudesse querer gravar sambistas do morro, muito menos que ela fosse um nome tão ligado à bossa nova.

Não tinha sentido se estranharem tanto assim. No começo dos anos 1960, já não havia esse abismo entre os sambistas de morro e o que era produzido por artistas "do asfalto". A própria bossa nova nascera do samba, sincopado à maneira de João Gilberto. Seu criador, aliás, não embarcou na tese sustentada por outros próceres do movimento, segundo a qual o gênero só pôde se impregnar de um verniz mais sofisticado porque se associou ao jazz moderno.

João insistia que era um intérprete de sambas, e não importava de onde viessem. O parceiro em "O pato", um dos grandes sucessos do disco *O amor, o sorriso e a flor* (1960), é Jaime Silva, sambista "de morro", assim como Geraldo Pereira, também da Mangueira (colega de Cartola e Nelson Cavaquinho) e um de seus compositores favoritos – é inesquecível a interpretação de "Bolinha de papel" gravada por João Gilberto no disco homônimo lançado em 1961.

O fato de Nara receber sambistas da Mangueira no apartamento da Zona Sul gerou a interpretação de que, finalmente, surgira alguém para dar voz a compositores marginalizados. Músicos como eles teriam sido jogados para escanteio após o advento do samba-canção e, mais tarde, da bossa nova. Mas essa tese não se sustenta porque o samba continuava sendo uma das maiores preferências dos cantores de rádio, não importando qual fosse o gênero da moda.

A maioria dos grandes sambistas também não entrou no ostracismo. Nomes como Moreira da Silva, Jorge Veiga, Roberto Silva, Monsueto e Jamelão fizeram sucesso nos anos 1950 e 1960. Alguns deles foram gravados por intérpretes brancas. As irmãs Linda e Dircinha Batista, Marlene e várias outras estrelas do rádio sempre se mantiveram fiéis ao samba. A gravação antológica de "Palhaço", composta por Nelson Cavaquinho, na voz de Dalva de Oliveira, esteve entre as mais executadas da época.

O surpreendente no interesse de Nara pelas composições dos sambistas de morro era a decisão de romper com os temas adotados pelos autores da bossa nova e dar um caráter mais político ao disco de estreia, tendo como fio condutor um gênero que estava associado diretamente ao povo – como desejava a cúpula do CPC. A cantora também queria gravar os afro-sambas de Baden Powell.

Nara não abraçou de imediato a grandiosa produção musical de Cartola e Nelson Cavaquinho. Não havia dúvida sobre a riqueza harmônica das canções e a sofisticação e a força das letras, mas por que algumas tinham que ser tão machistas? Ela rejeitou "Amor proibido", de Cartola. Jamais cantaria versos como estes:

Servi de pasto
Em tua mesa
Mas fique certa que jamais
Terás o meu amor
Porque não tens pudor

Para Nara, por mais que a narrativa fosse de uma mulher se dizendo arrependida por ceder às humilhações impostas pelo amante, em algum momento da vida esta mesma mulher admitia ter servido "de pasto para a tua mesa". Arrependida ou não, ela tinha ido longe demais em sua submissão.

E, tratando-se do compositor mangueirense, não seria difícil escolher outros sambas de sua autoria, em meio a tantos maravilhosos, e que não soassem, em parte, misóginos. Era o caso da "O sol nascerá", a parceria de Cartola e Elton Medeiros, que ela já estava decidida a gravar, assim como "Luz negra", de Nelson Cavaquinho e Amâncio Costa.

Nara preparou-se para um embate duro com o dono da Elenco. Nas reuniões para conversar sobre o conceito do disco e a escolha das músicas, Aloysio de Oliveira deixou claro que havia contratado a Nara Leão da bossa nova, e não a do Centro Popular de Cultura.

Que ela ficasse à vontade para participar de projetos mais engajados do CPC com Vinicius, com Carlinhos Lyra e com quem bem entendesse, mas que não fizesse da sua gravadora uma extensão de um filme do Ruy Guerra.

E Nara percebeu que a implicância do produtor se dava muito mais por conta do que ela representava para ele e outros donos de gravadora – uma cantora identificada com a bossa nova e com a elite carioca – do que por se tratar de uma recusa de Aloysio em gravar aquele tipo de repertório.

O critério de escolha da Elenco era puramente estético. Quem fizesse música de boa qualidade, independente do gênero, seria bem-vindo. Sérgio Ricardo, tão ou mais politizado do que Nara, também envolvido até a cabeça com o CPC, não teve problemas em gravar pela Elenco (*Um Sr. Talento*, de 1963), que trazia uma parceria com Ruy Guerra ("Esse mundo é meu").

O que não fazia sentido, argumentava Aloysio, era uma menina de Copacabana, "que não tinha problema de dinheiro, cantar os problemas de dinheiro". Ele não sabia com quem estava se metendo. Depois de seis meses de muita discussão, Nara venceu a batalha e gravou o disco do seu jeito:

> [...] o Aloysio na época não aceitava. Ele acabou aceitando porque eu era teimosa, era aquilo e não tinha jeito, porque eu era tão chata, tão birrenta, que não tinha solução. Não havia quem me convencesse do contrário. [...] Eu queria gravar aquelas coisas de morro, não queria gravar bossa nova nenhuma. [...] O Aloysio acabou concordando, mas foi uma guerra! Assim que acabou o disco eu fui embora da Elenco e disse: "Eu não gravo mais aqui, vocês me chateiam muito", sumi.

Quando o disco ficou pronto, Aloysio, resignado, deu o braço a torcer. No texto de apresentação do álbum, o dono da Elenco se mostrou mais diplomático ao falar sobre a recusa de Nara em gravar bossa nova ("por incrível que pareça, o seu lançamento neste disco foge, em seu estilo, da bossa nova propriamente dita") para em seguida reconhecer quanto a estreante tinha acertado em cheio ao arriscar tanto ("Nara procura fugir totalmente de sua personalidade de menina mansa, interpretando, embora de um modo moderno, e com sua voz pura e inconfundível, aquelas músicas que escolheu e que provocam um estranho e agradável contraste").

O disco era mesmo um assombro. De novidades.

CAPÍTULO 6

ESTRANHAS CONTRADIÇÕES

O namorado Ruy Guerra, experiente em dirigir atores, tinha razão: Nara precisava vencer a timidez e assumir a certeza de que era uma intérprete original e de alta qualidade. Nada de dar ouvidos aos críticos cobrando que "soltasse" a voz. Bastava continuar aperfeiçoando aquele estilo suave de cantar, que já fazia escola. Ela aprendera com seu professor de música, Moacir Santos, que era só deixar a melodia e a letra se imporem em cada canção. Assim foi confiante para a gravação, sob o ouvido atento de Aloysio de Oliveira.

No texto de encarte do novo disco, o produtor atribui o charme e a sofisticação do trabalho de Nara às suas estranhas e agradáveis contradições. Mesmo que ela desejasse fazer da estreia em estúdio um libelo contra o ideário bossa-novista, o álbum não representava uma cisão estética da cantora com o estilo musical criado por João Gilberto.

O que Nara fez – e Aloysio meio a contragosto reconheceu – foi incorporar ao universo da bossa, sobretudo nas harmonias e nos arranjos, compositores ligados às tradições populares, no caso os sambistas de morro, os músicos regionais e os seguidores dos afro--sambas de Baden e Vinicius.

Não se tratava de uma apropriação cultural, e sim de uma troca. Nara, ao abraçar uma estética menos elitista, afastava-se definitivamente das limitações impostas pela bossa nova e ainda concedia parte da sofisticação do seu gênero de origem a outros que careciam de um maior aprimoramento na orquestração e nos arranjos. Era o que se notava ao ouvir a segunda faixa do disco, um samba de Zé Kéti que parecia com tudo – menos com um samba de Zé Kéti.

Em "Diz que fui por aí", o estilo de João Gilberto se faz presente na leveza do canto de Nara e na modernidade do acompanhamento, com a batida e a harmonia do violão de Geraldo Vespar, pouco comuns em sambas de terreiro. E mesmo quando não havia a presença de Vespar ao violão, ouvia-se a mesma releitura em outros sambas do disco, como "O sol nascerá", de Cartola e Elton Medeiros, e "Luz negra", de Nelson Cavaquinho e Amâncio Costa.

João Gilberto já havia gravado muitos sambas nos primeiros discos. O que surpreendia no de Nara era a sua diversidade, a capacidade de experimentar vários formatos sem se prender à camisa de força de um só gênero, mesmo que a bossa nova estivesse permeando todo o repertório.

E *Nara*, lançado no primeiro semestre de 1964, na esteira do golpe militar, não deixava de ser um disco essencialmente político. Dissidentes da bossa nova, como Carlinhos Lyra e Vinicius de Moraes, estavam representados, assim como os igualmente engajados Gianfrancesco Guarnieri e Ruy Guerra – o cineasta e namorado de Nara assinava a letra de "Canção da terra", em parceria com o jovem músico Edu Lobo, ainda conhecido como "o filho de Fernando Lobo". O disco ficou tão associado à música de protesto que Nara, assim que pôde, iria voltar à luta para se livrar de outra amarra.

Primeiro, foi obrigada a ouvir muitas críticas. Músicos da velha guarda e parte da imprensa especializada estavam unidos contra o "assalto à pureza autêntica da música popular". Um dos mais exaltados era o compositor e bandolinista Jacob do Bandolim, que autorizou o filho, o polêmico jornalista Sérgio Bittencourt, a atacá-la quase diariamente em sua coluna no *Correio da Manhã*.

Nara não deu corda aos detratores. Ser defendida publicamente por Lúcio Rangel, um dos mais respeitados críticos musicais do país, bastava. Nas semanas seguintes ao lançamento do disco de estreia, sua preocupação não era mostrar se tinha ou não legitimidade para cantar sambas de Cartola e Zé Kéti. Enfrentava problemas mais edificantes para resolver. O coração se dividia entre uma nova e uma velha paixão – e a nova estava ganhando.

O cineasta Ruy Guerra era um homem sedutor e maleável. Adaptou-se rapidamente aos costumes brasileiros e à revolução comportamental, em pleno curso, vivida impetuosamente por rapazes e moças de Copacabana. As mulheres do bairro faziam faculdade, frequentavam boates sozinhas – e muitas trabalhavam, donas da própria vida e de seu nariz. Estavam na vanguarda. Nara desejava ser tudo aquilo, desde que fosse para a cama às dez da noite.

Ela não bebia uma gota de álcool nem havia experimentado nenhum tipo de droga, detestava praia e lugares barulhentos. Seria difícil, portanto, acompanhar o ritmo do namorado moçambicano, que promovia badalados saraus no seu apartamento, sem hora para acabar. Numa noite, ao ver Ruy nos braços de uma mulher, Nara foi se queixar com um cineasta colega do namorado, que logo se tornaria um de seus melhores amigos e, mais tarde, pai de seus filhos.

Cacá Diegues a tinha visto pela primeira vez num jantar na casa de Bené Nunes. Ainda não namorava Ruy Guerra e estava acompanhada de outro cineasta ligado ao CPC, Paulo César Saraceni. Naquela noite, Cacá se impressionou com a timidez dela, que, diante de poucas pessoas na sala, parecia cantar para um Maracanã lotado. Portanto, não estranhou, meses depois, a ausência da jovem cantora num dos primeiros shows da bossa nova, aquele censurado pelo reitor da PUC por causa da presença de Norma Bengell – na ocasião, Cacá presidia o centro acadêmico de direito da universidade.

Quando começou a namorar Ruy Guerra, a cantora e Cacá se aproximaram pra valer. Ela continuava sendo a garota tímida do jantar na casa de Bené Nunes, mas tinha vencido as crises de pânico. Cacá ficou maravilhado ao vê-la cantar "Marcha da Quarta-Feira de Cinzas" numa festa da PUC no apartamento de amigos em comum, no Leblon. Naquele dia, ele se despediu com um convite: que ela interpretasse "Nanã", de Moacir Santos, na trilha do seu novo filme, *Ganga Zumba*.

Os dois viraram confidentes. Foi Cacá quem a introduziu em outro mundo musical, fazendo-a ouvir exaustivamente artistas das décadas de 1930 a 1950. Ela se impressionou, sobretudo com Carmen Miranda, Ary Barroso e Luiz Gonzaga.

Com opções de repertório se ampliando e curiosa por descobrir novos autores, canções e intérpretes, a cantora só aceitou o convite de João Araújo, diretor artístico da Philips, com a condição de escolher as músicas que bem entendesse. Se havia sofrido ingerência de Aloysio de Oliveira num selo pequeno como a Elenco, o que esperar de uma grande gravadora? João Araújo nem discutiu. Queria Nara sendo Nara.

A repercussão do disco de estreia, trabalhado como música de protesto – contra a situação do país, já nas mãos dos militares, após a deposição do presidente João Goulart –, a jogou na linha de frente da luta por democracia. No fim de 1963, a cantora tinha se filiado ao Comando dos Trabalhadores Intelectuais (CTI), grupo liderado por Ênio Silveira, dono da Editora Civilização Brasileira, e fechado pela repressão logo após o golpe.

Nara se revoltou com a extinção do CTI e se engajou ainda mais nas lutas por justiça social. Liderou um protesto contra o Hotel Danúbio, de São Paulo, que, por racismo, havia se recusado a hospedar dois músicos, o pianista Dom Salvador e o baterista Dom Um Romão. Sua liderança nesse e em outros atos políticos chamou atenção da imprensa.

Quando anunciou uma excursão pelo Norte e Nordeste do Brasil, e que aproveitaria para conhecer mais de perto o cancioneiro da região, foi abordada por jornalistas em Belém do Pará. Um repórter indagou se era verdade a história de que ela pretendia gravar "Asa Branca", fazendo do clássico de Luiz Gonzaga e Humberto Teixeira "um hino dos subversivos". Nara achou tola a pergunta:

> *Se cantar músicas que falam dos dramas do povo, de seus problemas e das suas tristezas, angústias e alegrias é ser subversiva, acho que não escapo dessa classificação primária.*

Mesmo que considerasse importante a tomada de posição política, Nara rejeitava qualquer tentativa da imprensa e de grupos militantes de transformá-la na musa da luta pela redemocratização – bastava a camisa de força imposta pela bossa nova, da qual custara se livrar. Queria paz e tempo para entrar de cabeça na sua pesquisa musical. Isso sim a interessava profundamente.

A viagem pelo Norte e Nordeste terminou em Salvador. Na capital baiana, foi recebida por uma espécie de Bené Nunes soteropolitano, o jurista, poeta e pianista Carlos Coqueijo, uma das maiores lideranças culturais da cidade, amigo de Jorge Amado e Dorival Caymmi. Excelente anfitrião, ele promovia seguidos saraus com a presença de músicos e intelectuais. Se alguém interessante viesse à cidade, sua passagem na casa do juiz era quase obrigatória.

Nara esteve por lá. Coqueijo soube da sua curiosidade pelo folclore baiano, mais precisamente pelo samba de roda do Recôncavo. A cantora se mostrava maravilhada com os afro-sambas de Baden e Vinicius e com a Bahia. Abrigando a maior população negra do país, parecia ser o lugar certo para suas novas descobertas.

Segundo lhe contou o anfitrião, no Teatro Vila Velha, no centro de Salvador, vinha se apresentando uma turma de jovens talentosíssimos. Não faziam samba de roda necessariamente, mas admitiam a influência. Dois irmãos, integrantes do grupo, eram nascidos em Santo Amaro da Purificação, uma das cidades do Recôncavo Baiano que mais cultivavam o gênero.

Quem a levou ao Vila Velha, a pedido de Coqueijo, foi o produtor cultural Roberto Sant'anna. No ano anterior, Sant'anna havia aglutinado essa mesma turma de estudantes, fãs de João Gilberto e da bossa nova e admiradores de Luiz Gonzaga, Dorival Caymmi, Dalva de Oliveira e Lupicínio Rodrigues. Com a produção de Sant'anna, também atuante na direção, eles seriam os responsáveis pelo espetáculo, batizado de *Nós, por exemplo*, que inaugurou oficialmente o Teatro Vila Velha.

Nara chegou no meio dos ensaios. Lá encontrou o estudante de filosofia Caetano Veloso, o fiscal de alfândega Gilberto Gil, a balconista Maria da Graça (ainda não conhecida como Gal Costa), o bolsista da escola de música Tom Zé e a secundarista Maria

Bethânia. A carioca não acreditou no que viu. Nem os baianos. Estavam diante de uma lenda da bossa nova, personagem histórica da música brasileira. Caetano, na autobiografia *Verdade tropical*, relata detalhes do encontro e quanto se impressionaram com a simplicidade e a ausência de afetação da cantora:

> *Sentia-se nela o gosto da liberdade que tinha sido conquistada com dificuldade e decisão. Por isso todos os seus gestos e todas as suas palavras pareciam nascer de um realismo direto e sério, mas resultavam delicados e graciosos como os de uma menina tímida e passiva. Não se pode esquecer que ela, a essa altura, devia ter 20 anos. Seu nome estava ligado ao nascimento da bossa nova e, embora a essa altura ela ainda não fosse de um sucesso de massas, na Bahia nós conhecíamos sua lenda. [...] O desprendimento de Nara nesse episódio pode ser em parte explicado pela atmosfera de busca coletiva de mútua colaboração que marcou as relações entre os criadores de música popular. [...] Mas o que ressalta aqui são as características pessoais de Nara, sua maneira espiritualmente aristocrática de ser prática e objetiva, as delicadas cintilações de seu antiestrelato.*

Ela ficou absolutamente encantada com os baianos. Era evidente a admiração daqueles jovens pela bossa nova e a escola de canto de João Gilberto, assimilada desde que ouviram a "bíblia" – o disco *Chega de saudade*. Porém, não se comportavam como fãs deslumbrados, preocupados em reproduzir no palco apenas a veneração por um gosto musical.

Cantavam Tom Jobim, Carlos Lyra e Roberto Menescal, assim como Noel Rosa, Ary Barroso, Jackson do Pandeiro e Luiz Gonzaga. Sem amarras nem preconceitos. E também veneravam os afro-sambas de Vinicius e Baden – os ensaios se encerravam com o grupo cantando "Samba da bênção". Bethânia, a caçula, com apenas 16 anos, foi quem mais impressionou Nara.

E havia, além da força interpretativa, uma seleção inédita de músicas autorais, apresentadas a partir de bases da bossa nova, mas que não soavam propriamente como tal. Nara pediu e os baianos concordaram que registrasse parte das músicas num gravador e, no

Rio, decidiria o que cantar. Só não contava com uma surpresa ao voltar para casa: na pressa, nada, nem um pio, tinha sido gravado.

Envolvida com baianos, militância política e pesquisa musical, Nara não conseguia dar fim à polêmica que continuava vendendo revista: o seu afastamento da bossa nova. Ela própria, paradoxalmente, contribuiu para que o assunto não saísse da pauta. Em entrevista à revista *Fatos & Fotos*, falou só sobre bossa nova e mais nada. As feridas não tinham se fechado:

> *Chega de bossa nova. Chega disso, que não tem sentido. Chega de cantar para dois ou três intelectuais uma musiquinha de apartamento. Quero o samba puro, que tem muito mais a dizer, que é a expressão do povo, e não uma coisa feita de um grupinho para um grupinho.*
>
> *[...] Se estou me desligando da bossa nova? Há algum tempo fiz isso, mas ninguém quis acreditar. Espero que agora compreendam que nada mais tenho a ver com ela. A bossa nova me dá sono, não me empolga. Pode ser que, no passado, eu tenha sido uma tola, aceitando aquela coisa quadrada, que ainda tentam me impingir.*
>
> *[...] Tenho um convite de Sérgio Mendes para, por iniciativa do Itamaraty, fazer uma excursão aos Estados Unidos. Mas como posso aceitar? Vão me obrigar a cantar "Garota de Ipanema" e, pior, em inglês. Essa gente quer forçar a fazer aquilo que não quero. Bolas, por que cantar sempre a mesma coisa?*

Ao afirmar que a bossa nova lhe dava sono e que não passava de "uma musiquinha de apartamento", Nara atingia Ronaldo Bôscoli e companhia, os alvos de sempre. E ainda amigos e ídolos queridos, como Tom Jobim e Vinicius de Moraes, os autores de "Garota de Ipanema", cantada em inglês no mundo todo, após o sucesso do disco *Getz/Gilberto*, gravado por João Gilberto e o saxofonista americano Stan Getz.

Depois da entrevista, arrependida, Nara fez questão de ligar para Tom e Vinicius. O poeta, como sempre, foi carinhoso: "Narinha, esqueça aquela bobagem". E disse que ela morava em seu coração. Tom ouviu as explicações sem comentar e encerrou a conversa. Deixou para reagir na própria *Fatos & Fotos*. A revista repercutiu a entrevista da cantora dando espaço a quem se sentira atingido por seu depoimento.

Bôscoli, como se esperava, soltou os cachorros; outros próceres do movimento, também. Sylvinha Telles afirmou que Nara estava "subestimando a inteligência do público ao dizer que, na bossa nova, é preciso repetir um punhado de vezes para se fazer entender". Luizinho Eça fez pouco caso: "Não creio que essa sua briga com a bossa nova seja muito importante".

Até o grande amigo Roberto Menescal deu sua cutucada: "Quando Nara souber o que é música pura e conseguir transmiti-la, todos seremos músicos puros e iremos para o céu. Enquanto isso não acontece, continuamos nos apartamentos fazendo bossinha nova para vender". Os ataques vindos da "turminha", previsíveis, não a surpreenderam. Ficou sentida ao ler os depoimentos de Tom Jobim e do produtor de seu primeiro disco, Aloysio de Oliveira.

O cronista Carlinhos de Oliveira, um dos muitos fãs platônicos de Nara (ele, ao contrário da maioria, preferia o nariz aos idolatrados joelhos), em texto também publicado na *Fatos & Fotos*, foi um dos poucos a elogiá-la, sem deixar de alertar sobre o fato de a cantora ter errado feio o alvo. Tom Jobim e Vinicius de Moraes, entidades da música brasileira, não mereciam aquelas palavras. Muito menos a bossa nova, que continuava sendo dela também:

> *Quando ouço você cantando, e penso em você, toda portátil, com aquele narizinho de dengue e doçura, e tão inteligente, tão Ipanema, digo comigo mesmo: "Não há a menor dúvida. Essa moça é minha namorada". [...] Vinicius e Tom não se enquadram no retrato que você traçou. São vários, sempre renovados, só o balanço está sempre com eles. [...] Não adianta ser malvada, pois esse balanço, essa pequena voz, esse jeitinho, tudo isso é pura bossa nova, ainda que você comece a cantar uma ópera.*

Tom, mesmo após o telefonema de Nara (Vinicius recusou-se a dar um depoimento para a revista), achou que deveria se posicionar e ironizou o fato de Nara se dizer em busca de uma música mais "autêntica": "Autenticidade? Autênticos são o jequitibá e a avenca".

O troco mais duro foi dado por Aloysio de Oliveira: "Quer queira, quer não, ela é uma típica cantora de apartamento. [...] Ninguém deseja mudar Nara. Ela é que deseja passar pelo que não é".

Na polêmica entrevista, Nara também se referiu a Sérgio Mendes, com quem dividia uma turnê promovida pela Rhodia. Além de cantar, era a estrela da coleção de moda *Brazilian Style*, recém-lançada pela empresa franco-brasileira (Danuza dera ótimas dicas). O convite lhe rendeu um bom cachê e a chance de se tornar economicamente independente – havia tempos desejava sair de casa e se livrar da onipresença de Jairo Leão.

Para isso, aceitou dividir o palco com Sérgio Mendes e cantar... bossa nova, o que lhe valeu novas críticas de parte da classe musical. Quer dizer que a cantora engajada, tão preocupada com os destinos do país e da música brasileira, está embolsando uma boa grana de uma multinacional para cantar bossa nova?

Era o que dizia, por exemplo, Ronaldo Bôscoli, na mesma matéria da *Fatos & Fotos*:

> *Se ela renega a bossa nova, renega a si própria e está sendo ingrata com quem tanto a promoveu. Para notar sua incoerência, basta lembrar que viajou quatro continentes cantando "Garota de Ipanema" em inglês. Portanto, foi ela quem espalhou a "mentira" da bossa nova pelo mundo. E ganhou bom dinheiro.*

Todas as vezes que tentou incluir no repertório da turnê sambas de Cartola e Nelson Cavaquinho, e outras canções do seu primeiro disco, Nara foi vetada por Sérgio Mendes, embora os outros dois músicos do trio – nada menos que Tião Neto e Edison Machado – aprovassem a ideia. Quando ela conseguia uma brecha para cantar o que tinha vontade, seu parceiro, revoltado, deixava o palco.

A falta de sintonia entre as duas estrelas da campanha da Rhodia não impediu que a turnê fosse um sucesso, passando pelas principais capitais do país e por algumas cidades da Europa e do Japão. Tanto a Rhodia quanto Sérgio Mendes tinham na mesa uma proposta de empresários americanos para levar a mesma turnê para várias cidades dos Estados Unidos, aproveitando a repercussão internacional da bossa nova.

Faltava, porém, combinar com Nara. Eles não sabiam, mas ela já estava disposta a largar tudo, independentemente de quantos milhares de dólares deixasse de ganhar:

> *Se eu fosse para os Estados Unidos, o pior que poderia me acontecer era nada, era ser um fracasso. E o melhor era fazer sucesso, o que seria um terror. Se me tornasse uma cantora de sucesso mundial, eu me acabaria de vez como pessoa.*

CAPÍTULO 7

O MANIFESTO

O jornalista Sérgio Bittencourt espumou de raiva ao ouvir o segundo disco da moça dos joelhos, *Opinião de Nara*. Quem aquela filhinha de papai pensava que era para "surgir cantando, desonestamente, samba de uma honestidade a toda prova?". Além de acusá-la de oportunista, Bittencourt escreveu que ela precisava aprender a cantar: "Não posso aguentar a desafinação sem graça dessa moça: sem legitimidade, sem conteúdo, sem 'curso de admissão'".

Bittencourt não se conformava com o fato de uma branquela da Zona Sul gravar um disco de samba, misturando-se aos compositores do morro. E que capa era aquela? Com *layout* do jornalista e amigo Jânio de Freitas, Nara aparece sobre um fundo branco, com os olhos fechados e o braço direito levantado, soltando um grito – como se convocasse o povo para a luta. Quem ela pensava que era? Um Che Guevara de saias?

A tese de que faltava legitimidade à cantora, defendida pelo filho de Jacob do Bandolim, tentava mascarar um velho preconceito da elite carioca, da qual ele também fazia parte. Ninguém "egresso da mais espessa e impura camada bossa-novista" gravara um disco praticamente inteiro com "sabor de senzala", vociferou.

E Nara não se aproximou somente dos sambistas da Mangueira e de outros morros cariocas. Estava envolvida cada vez mais com a turma do Cinema Novo, especialmente com o mais denso e inquieto deles: Glauber Rocha. Foi o cineasta baiano quem sugeriu que a primeira faixa do disco, "Opinião", composta por Zé Kéti, tivesse um repicar de bateria lembrando que eram tempos de ditadura militar.

Lançado sete meses após o Golpe de 1964, *Opinião de Nara* deixou mais gente de cabelo em pé além do filho de Jacob. Coube ao baterista Edison Machado, um dos grandes nomes da história do instrumento, acelerar as baquetas por quase trinta segundos e reproduzir um rufar de tambores, como sugerira Glauber. Após o solo percussivo, surgia a voz característica da cantora, mas sem referências a barquinhos nem ao cair da tarde:

Podem me prender/ Podem me bater
Podem até deixar-me sem comer
Que eu não mudo de opinião
Daqui do morro eu não saio não, daqui do morro eu não saio não.

O álbum colocava o dedo no nariz da ditadura. Sem rodeios, sem metáforas. Um disco-manifesto, inserido no contexto político-social e em sintonia com o que se ouvia nas favelas do Rio, marginalizadas e discriminadas pela política higienista do governador Carlos Lacerda.

Glauber deu mais corda. Depois de uma canção provocadora de Zé Kéti, por que não outra desse autor e com o mesmo estilo? Para desmitificar o romantismo em torno da vida nas favelas cariocas, muitas vezes reforçado pelas letras de samba que se limitavam a falar do malandro e suas agruras. Este não era o caso de "Acender as velas":

O doutor chegou tarde demais
Porque no morro não tem automóvel pra subir
Não tem telefone pra chamar
E não tem beleza pra se ver...
E a gente morre sem querer morrer.

No encarte, Nara conta que o novo trabalho nasceu de uma descoberta: "a de que a canção popular podia dar às pessoas algo mais que a distração e o deleite". E, com exceção de "Derradeira primavera", de Tom e Vinicius (homenagem à dupla após a entrevista polêmica), e de "Malmequer", de Newton Teixeira e Cristóvão de Alencar (seus trabalhos teriam pelo menos um sucesso da velha guarda, como este), o disco não permitia pausas e respiros. Era contundente do começo ao fim.

Das andanças pelo Brasil, pesquisando ritmos e sonoridades, outra feliz descoberta de Nara: o maranhense João do Vale. Ela nem precisou ir até Pedreiras, no interior do estado, terra natal do compositor. João morava no Rio desde 1950 e trabalhava na construção civil. Era dele, em parceria com J.B. de Aquino, uma das canções mais fortes do disco, "Sina de caboclo", que se o CPC quisesse poderia muito bem virar o Hino da Reforma Agrária:

Mas plantar pra dividir
Não faço mais isso, não
Eu sou um pobre caboclo
Ganho a vida na enxada
O que eu colho é dividido
Com quem não plantou nada

E ainda se podiam ouvir a súplica e protesto de Ruy Guerra e Edu Lobo ("Em tempo de adeus"), o afro-samba de Vinicius e Baden ("Deixa") e a presença marcante do instrumento de origem banto em "Berimbau" e "Na roda da capoeira", que Nara resgatou do folclore baiano. Para o cronista Sérgio Porto, a escolha das músicas era "de dar catapora nos diretores comerciais das fábricas de gravação", acostumados com o mais do mesmo e sempre céticos em relação a novidades.

Logo após o golpe, os militares trataram de fechar a sede da UNE e, consequentemente, o Centro Popular de Cultura, levando o pessoal do CPC a migrar em peso para o restaurante que funcionava num sobrado da rua da Carioca. Ali se comia um dos melhores quitutes da cidade, preparado por uma cozinheira que, com suas quentinhas, já fizera fama entre os motoristas e cobradores da praça Mauá.

Jovens universitários da Zona Sul, cineastas, jornalistas, diretores de teatro, escritores, poetas, artistas plásticos e carnavalescos eram fregueses assíduos das empadinhas da dona Zica. E também se deliciavam com o canto de seu marido e sócio, Angenor de Oliveira – ninguém menos do que o compositor e sambista Cartola. O Zicartola, batizado assim pelo casal de proprietários, era um misto de restaurante e lugar de roda de samba. Os frequentadores desse espaço foram herdados da Associação das Escolas de Samba, cuja sede, situada ali perto, na rua dos Andradas, seria demolida.

Essas duas turmas – a do samba e a da intelectualidade, até então incompatíveis, de origens tão distantes, mas que já começavam a se misturar nos dois primeiros discos de Nara – agora se acotovelavam no Zicartola. E viravam uma coisa só.

Da união de Carlinhos Lyra, Vianninha, Gianfrancesco Guarnieri, Leon Hirszman, Ruy Guerra, Sérgio Ricardo, Ferreira Gullar, Fernando Pamplona, Tereza Aragão, Augusto Boal, Sérgio Cabral e Hermínio Bello de Carvalho com Cartola, Zé Kéti, Ismael Silva, Nelson Cavaquinho, Elton Medeiros, Jair do Cavaquinho, Heitor dos Prazeres, Anescarzinho, Nelson Sargento, Clementina de Jesus e Paulinho da Viola estava nascendo um dos mais revolucionários espetáculos musicais da história brasileira: o *Opinião*.

Vianninha foi um dos primeiros a ouvir o segundo disco de Nara, antes mesmo do lançamento. Era exatamente aquilo que ele e outros dramaturgos como Paulo Pontes e Armando Costa procuravam: um projeto que trouxesse para o centro do palco a clássica aliança entre trabalhadores da cidade e do campo, tão propagada pela esquerda. Um musical protagonizado por três personagens: uma menina branca da classe média alta, moradora da Zona Sul carioca, um sambista de morro e um cantor do sertão nordestino. Por que não Nara, Zé Kéti e João do Vale? Nem precisaram ter aulas de interpretação. Bastava que fossem eles mesmos.

Com título escolhido em homenagem ao disco inspirador de Nara, direção de Augusto Boal e colaboração de Cartola e Heitor dos Prazeres, *Opinião* estreou em 11 de dezembro de 1964, no Teatro de Arena de um shopping center da rua Siqueira Campos, em Copacabana. Quando a cantora entrou no palco com camisa vermelha de corte masculino, calça jeans e tênis conga, denunciando as mazelas e a falta de liberdade do povo brasileiro, não foi só a plateia que se espantou com a força e a ousadia do espetáculo.

Pegou de surpresa também o senador pela Arena, ex-UDN e golpista de primeira hora Arnon de Mello. O pai do futuro presidente Fernando Collor não teve como explicar aos generais e colegas de partido a decisão de alugar o teatro para artistas que insultavam o regime militar e a família brasileira. O estrago estava feito. *Opinião* logo se tornou a mais concorrida atração no Rio de Janeiro.

Diretor, autores e músicos transpuseram para o palco um conceito estético e político também presente na nova obra de Nara. Sambas e temas sertanejos eram intercalados com textos de engajamento político na linha do CPC. E tudo em harmonia com o que havia de mais moderno na música brasileira, trazido pela cantora e por músicos como Edu Lobo e Dori Caymmi – este último, além de tocar violão, assinava a direção musical.

O sucesso esquentou o clima em torno de *Opinião*. Policiais infiltrados tentaram intimidar espectadores e pessoas da produção – numa das noites, Boal e Vianninha bateram boca com um agente do Dops (Departamento de Ordem Política e Social), órgão de repressão do governo federal. Na manhã do dia 14 de janeiro de 1965, o teatro amanheceu pichado com desenhos de foice e martelo e slogans anticomunistas.

Enquanto isso, o *Jornal do Brasil* registrava o nascimento da "esquerda narista" como um contraponto à etílica "esquerda festiva". Ambas pretendiam tirar os militares do poder: uma instigava o público por meio do teatro e a outra elaborava planos nas mesas de botequim.

No Rio, falava-se apenas em Nara Leão. Um repórter de outro jornal fez as contas: somando o que ganhara com a venda do segundo disco e com o sucesso de *Opinião*, seus rendimentos passavam de 1 milhão de cruzeiros por mês, nada mal para uma "cantora do povo".

No centro das atenções, entre elogios e críticas irônicas, de repente Nara convocou a imprensa para anunciar que se ausentaria do *Show Opinião* para cuidar das cordas vocais. Seria substituída provisoriamente por Suzana de Moraes, filha de Vinicius. Problemas na voz existiam, mas não haviam sido determinantes para a saída de cena. Os motivos eram outros, como confidenciou anos depois em depoimento para o Museu da Imagem e do Som:

> *Eu achava a proposta do Opinião muito importante, eu estava cumprindo um papel social e aquilo me agradava. [...] Mas depois que eu vi que era um sucesso e todo mundo gostava, me deu certa frustração, porque eu achei que ia acontecer alguma coisa e foi um sucesso, um consumo.*

Nara voltou a mergulhar fundo nas pesquisas musicais. Já tinha uma relação de músicas quase pronta para o terceiro disco, também pela Philips. De novo, recebera carta branca para gravar o que bem entendesse. Antes de entrar no estúdio, ligou para Augusto Boal: tinha achado a substituta definitiva para o espetáculo. Era uma baiana de 17 anos que, a despeito da pouca idade, cantava como uma veterana.

Boal conversou com amigos de Salvador, mas ninguém tinha ouvido falar na tal da Maria Bethânia, com exceção da atriz baiana Nilda Spencer, que a conhecia do Teatro Vila Velha. O dramaturgo pediu que Nilda se comunicasse com a família da cantora e assim seus pais foram avisados sobre a indicação da filha para o lugar de Nara Leão no *Show Opinião*.

Seu Zeca, o pai, achou que era um trote quando Nilda explicou o motivo da ligação. Dona Canô, a mãe, pegou o telefone e disse que, mesmo que aquilo fosse verdade, não deixaria a filha menor de idade viajar para o Rio de Janeiro. Seu Zeca concordou com a cabeça. Os dois mudaram de ideia após a insistência de Caetano, que havia morado no Rio e se dispôs a acompanhar a irmã mais nova.

Bethânia conta:

Quando recebi o convite do Boal, ele foi muito claro: eu substituiria a Nara por apenas cinco dias. Ela estava com problemas na voz por causa de uma gripe e, assim que melhorasse, voltaria. Logo quando cheguei no Rio, já no teatro, encontrei a Nara. Estranhei a presença dela ali: "Ué, você não está gripada?". E ela: "É tudo mentira, eu não tenho nada. Eu não quero mais fazer o Opinião. Quero fazer outra coisa. E é você quem vai fazer agora".

Dramática e exuberante na voz e nos gestos, Bethânia engrandeceu ainda mais o espetáculo: o *Opinião* parecia feito para ela – e vice-versa. A interpretação bastante agressiva de "Carcará", composta por João do Vale, transformou-se no ponto alto do show. E abriu as portas do Sudeste para os demais baianos do Vila Velha, que três anos depois se juntariam a Nara Leão para dar luz ao mais provocador dos movimentos musicais.

Em abril de 1965, Nara voltaria ao Teatro de Arena e ao Grupo Opinião (como o coletivo passara a se chamar), dessa vez para estrelar outro musical político, *Liberdade, liberdade*, escrito por Millôr Fernandes, dirigido por Flávio Rangel e com Paulo Autran, uma das maiores estrelas do teatro brasileiro, na linha de frente.

Antes de aceitar o convite, Nara fez uma exigência: participaria apenas da temporada carioca. Evitaria assim um possível desgaste – enfrentado no *Show Opinião* –, caso a peça fosse para outras praças e ficasse muito tempo em cartaz. E conciliaria sua atuação com as gravações do terceiro disco. Quando terminasse os dois trabalhos, planejava mais uma viagem de pesquisa musical pelo Brasil.

O *Canto livre de Nara* encerrava a trilogia iniciada pelo primeiro LP, no qual a bossa nova predominava, mas que já apontava novos caminhos ao incluir composições de Zé Kéti, Cartola, Elton Medeiros e Nelson Cavaquinho. No terceiro disco entraram temas sertanejos ("Corisco", de Glauber Rocha e Sérgio Ricardo), músicas de protesto ("Samba da legalidade", de Zé Kéti), um registro do folclore ("Incelença") e uma homenagem ao cancioneiro brasileiro ("Suíte dos pescadores", de Dorival Caymmi).

Nara fazia questão de se manter livre de preconceitos e formalismos. Não queria ficar refém de uma suposta coerência musical e ser cobrada pela escolha de determinada corrente estética. O compromisso era consigo mesma, o de continuar livre, sem a obrigação de seguir uma carreira. Valorizava certa produção musical dos morros cariocas e do Nordeste, mas rejeitava ser porta-voz de qualquer coisa.

E, além do mais, começou a achar que a vitalidade de suas criações corria perigo – os discos saíam parecidos um com o outro, cada nova gravação era previsível. Sem falar na história da "esquerda narista". Essa expressão a incomodava profundamente, e não porque a associava à luta pela redemocratização do país, da qual tanto se orgulhava, mas porque, com ela, insistiam em rotulá-la. Parte da imprensa e das gravadoras costumava transformar atos de transgressão e ruptura em meros produtos comerciais.

A vontade naquele momento era largar tudo e partir para mais uma viagem de pesquisa pelo Brasil, de preferência ao lado de uma nova e arrebatadora paixão, ainda platônica. Nara tinha visto Ferreira Gullar pela primeira vez numa reunião do Centro Popular de Cultura – o poeta maranhense, filiado ao Partido Comunista, era um dos mais atuantes ativistas do CPC, que presidia desde 1963.

Apresentados por Carlinhos Lyra, em meio aos debates do CPC, os dois poucos se falaram. Nara, porém, não se esqueceu do que viu. A aparente fragilidade, a magreza quase mística, contrastava com a postura exuberante, tão evidente nos gestos largos e nas expressões, sobretudo a forma como ele construía palavras substanciosas.

Tempos depois, quando Jânio de Freitas levou Ferreira Gullar para acompanhar as gravações de *Opinião de Nara*, a cantora se deparou com a outra faceta do polêmico e eloquente militante marxista, ainda mais sedutora: a do poeta. A mesma profusão lírica que Gullar expressava nos poemas se manifestava na comunicação com as mulheres (a fama de galanteador era conhecida entre a militância). O coração de Nara balançou.

A amizade evoluiu rapidamente para um *affair* e criou alguns constrangimentos. Gullar era casado com a produtora e também militante política Tereza Aragão, muito querida no mundo do samba e uma das fundadora da Fina Flor do Samba. Tereza, no início, não caiu na caretice de reprovar o suposto envolvimento do marido com Nara – quase todos ali, sambistas, cineastas, artistas plásticos, militantes, juntos e misturados, começavam a experimentar as delícias do amor livre, a revolução comportamental que, no entanto, se mostrava possível só até certo ponto.

Uma noite no Zicartola, Nara chamou Gullar a um canto e fez o convite. Após a gravação de O canto livre de Nara, ela partiria para uma viagem pelo interior do Brasil, sem data para voltar. Não faria shows, não daria entrevistas, não participaria de nenhuma passeata ou movimento civil – estaria imersa em mais uma pesquisa musical. Que Gullar viesse junto e também largasse o CPC, as reuniões do Partidão e o emprego no Banco Nacional de Minas Gerais.

Gullar podia largar tudo, menos Tereza e os três filhos. Nara sentiu o baque e foi se consolar nos ombros do amigo e confidente Cacá Diegues, falando de uma paixão frustrada, mas sem entrar em detalhes – o futuro marido nunca soube do relacionamento entre ela e o poeta. A cantora desistiu da viagem, mas não da amizade com Gullar, que seguiu firme. O poeta fez questão de assinar o texto do encarte de O canto livre de Nara. Ele se tornara, antes de tudo, um fã da artista:

> *Cantar o amor e a vida, o amor que é de todos como a vida. Cantar a solidariedade, a paz e a liberdade. Nara descobriu que é possível e que é preciso tornar realidade a ideia de que todos os homens são iguais, e que, como cantora, ela pode contribuir para isso. E Nara contribui para isso tanto quando canta o sofrimento do lavrador sem-terra, como quando interpreta um velho samba de amor. Pois, ao aproximar esses temas aparentemente tão distantes, ela nos ensina, com a sabedoria de sua mocidade, que amor, paz, trabalho e liberdade são sinônimos de vida.*
>
> FERREIRA GULLAR

A homenagem à *mulher* Nara, ao fascínio que exercia sobre ele, Gullar deixou para registrar dez anos depois, ao lançar, em 1975, o livro *Dentro da noite veloz*, antologia de poemas criados desde 1962. Mesmo sem citar a cantora em nenhum momento, os mais próximos sabiam quem tinha sido a fonte de inspiração do poema "Pela rua", que narra a espera desesperada do poeta pela musa, que não aparece:

> *[...]*
> *A cidade é grande*
> *Tem 4 milhões de habitantes e tu és uma só*
> *Em algum lugar estás a esta hora, parada ou andando*
> *Talvez na rua ao lado, talvez na praia*
> *Talvez converses num bar distante.*
>
> Ferreira Gullar

Gullar também escreveu outro poema dedicado a Nara ("Uma voz"), este em homenagem à beleza e liberdade de seu canto:

> *Sua voz quando ela canta*
> *Me lembra um pássaro*
> *Mas não um pássaro cantando*
> *Lembra um pássaro voando.*
>
> Ferreira Gullar

O pássaro Nara, cansado de tudo e de todos, desejava voar em outra direção.

CAPÍTULO 8

FALSOS ENGAJADOS

Se Nara pretendia dar fim àquela história de "esquerda narista", afastar-se de vez do estigma de "musa da canção de protesto", sair de cena e viver em paz, ela precisava, primeiro, parar de falar com os jornalistas. A maneira espiritualmente aristocrática de ser objetiva e não ficar só na teoria transformava em manifesto as declarações à imprensa e, consequentemente, em subversão, dado o contexto político da época.

O *Diário de Notícias* publicou seguidas entrevistas com figuras públicas para saber o que achavam da conjuntura política. O regime militar já havia promulgado três atos institucionais, a eleição indireta para presidente e a extinção dos partidos políticos, entre outras arbitrariedades.

Alguns entrevistados afagaram os militares e poucos criticaram o endurecimento da ditadura – a maioria, com medo, não falou abertamente sobre os desmandos do governo em plena escalada autoritária. Setores mais extremistas do Exército consideravam o general Castello Branco, empossado presidente após a deposição de João Goulart, liberal demais para os padrões da caserna.

Castello tinha fama de legalista entre seus pares, até que, semanas antes do golpe, se juntou com entusiasmo aos conspiradores.

Ajudou a cúpula militar a dar um verniz pretensamente democrático à tomada de poder, mas deixou de ser útil a partir do momento em que a linha dura passou a ditar as regras. Esse momento coincidiu com a ascensão do ministro da Guerra, o general Arthur da Costa e Silva, menos moderado, que se consolidou como sucessor de Castello.

"Costa e Silva: governarei com o povo." Essa era a manchete do *Diário de Notícias* que foi às bancas em 22 de maio de 1966. Porém, a homologação da candidatura do ministro da Guerra à presidência da República já era esperada. A novidade estava no meio da página 3 do jornal carioca, mas sem destaque nem chamada de capa – talvez por ser escandalosa demais.

O título da matéria anunciava o que vinha pela frente: "Nara é de opinião: esse Exército não vale nada".

Nara começou a entrevista dizendo que os "generais podiam entender de canhão e de metralhadora, mas não 'pescavam' nada de política". E não era só isso. Por que não aproveitar e extinguir o Exército? Um país desigual como o Brasil tinha outras prioridades, como construir escolas e hospitais – dizia ela. Aliás, para Nara, o mundo seria melhor se não existisse exército em lugar nenhum. Havia algo mais estúpido do que perder a vida numa guerra como a do Vietnã?

E cá entre nós, foi falando a cantora, o Exército brasileiro não servia para nada mesmo. Numa guerra moderna, provavelmente seria considerado obsoleto. E isso, exemplificou, se evidenciara no próprio Golpe de 1964 – durante o deslocamento das tropas, veículos ficaram pelo caminho com pneus furados, caindo aos pedaços.

No fim do texto, o leitor era convidado a seguir para a página 13. Nara ainda não dissera tudo o que pretendia. Na última parte da entrevista, ela criticou a cassação dos opositores do regime militar – os políticos então no poder é que deveriam ser impedidos de exercer suas funções. Só assim, continuou, seria possível construir escolas e hospitais dentro das fábricas e fazer com que o operário tivesse um nível de vida decente. Aliás, todas as empresas precisavam ser imediatamente nacionalizadas.

O mundo desabou sobre Nara. Outros jornais repercutiram a entrevista – o próprio *Diário de Notícias*, na coluna "Periscópio", uma das mais lidas, assinada por Sérgio Figueiredo, lembrou que a "alucinada entrevista da musa e ativista da esquerda bacaninha podia dar cadeia". Foi algo semelhante que Jairo Leão ouviu do chefe de gabinete de Costa e Silva, coronel Mário Andreazza, que intimou o advogado a comparecer "urgentemente" ao Palácio Duque de Caxias, sede do Ministério da Guerra.

Andreazza esperava encontrar um pai assustado com os impropérios da jovem filha que, no mínimo, pediria desculpas em nome dela e depois a convenceria a fazer o mesmo por intermédio dos jornais. O coronel não tinha a menor ideia de quem era Jairo Leão. O advogado se sentou à mesa do gabinete e disse apenas uma frase antes de permanecer em absoluto silêncio. "Minha filha é maior de idade e livre para dizer o que pensa".

Jairo previu que os militares preparariam algum tipo de retaliação arbitrária. Costa e Silva soltou um comunicado dizendo que o governo já encontrara elementos para enquadrar Nara na Lei de Segurança Nacional e que um processo contra a cantora seria aberto imediatamente.

Nos bastidores, setores da linha dura do Exército cobraram do ministro da Guerra punições severas pela publicação daquelas declarações. Costa e Silva vinha afirmando em entrevistas que o governo Castello Branco permitia a liberdade de opinião e que qualquer pessoa podia expressar livremente o seu ponto de vista.

Esse tipo de retórica fazia parte do jogo – ainda mais para quem iria assumir a cadeira presidencial no lugar de um presidente com tendências moderadas. Mas ofender as Forças Armadas era inadmissível, e pedir a sua extinção usando o argumento de que não serviam para nada agravava a injúria.

Era preciso dar um sacode em Nara. Não bastava a abertura de processo e a ameaça de prisão, censores e agentes do Dops deveriam agir de maneira que a artista e os amigos não se sentissem mais tão à vontade para declarar desaforos. Que a cantora passasse a ser vigiada de perto e, se não aguentasse o tranco, que pedisse asilo político.

Os militares se mobilizaram. A classe artística também. Fernanda Montenegro, Antonio Callado, Hélio Pelegrino, Tonia Carrero, Ferreira Gullar, Odete Lara, Flávio Rangel, Mário Lago e Edu Lobo foram pessoalmente ao apartamento de Nara assinar um abaixo-assinado dirigido ao marechal Castello Branco pedindo que o processo contra ela fosse arquivado.

Não se falava em outro assunto. Para Ibrahim Sued, um dos colunistas mais influentes do país, que escrevia no *Diário de Notícias* e em outros jornais, Nara estava sendo usada como fantoche por esquerdistas covardes e boêmios na tentativa de desestabilizar o governo:

> É lamentável que esta pobre menina Nara Leão, que como talento não é lá grande coisa, sirva de joguete da esquerda festiva e faça declarações que seus mentores não têm coragem de fazer. Para a nossa felicidade, o Exército é a coisa mais bem organizada do país. E, graças ao Exército, não estamos hoje tutelados pelo comunismo. Pobre menina.

No mesmo jornal, em outra coluna, esta assinada pela jornalista Eneida Costa de Morais, Nara era elogiada pelo destemor:

> Aqui vai um abraço para Nara Leão, uma mocinha que dá gosto. Pequenina, tão graciosa, cantando com uma voz tão agradável, e que não tem medo de caretas. Este país está invadido pelo ridículo.

Ela não alimentou a polêmica. Ao *Jornal do Brasil* se declarou exausta e que não tinha "vocação para Joana d'Arc". Aliás, aquele imbróglio todo valeu muito a pena porque serviu de inspiração a um de seus poetas preferidos.

Enquanto 150 artistas assinavam o pedido para que Castello Branco não tomasse nenhuma providência contra Nara Leão, Carlos Drummond de Andrade preferia prestar solidariedade a seu modo, escrevendo um poema-manifesto direcionado ao presidente da República:

> *Meu honrado marechal*
> *dirigente da nação,*
> *venho fazer-lhe um apelo:*
> *não prenda Nara Leão [...]*
> *A menina disse coisas*
> *de causar estremeção?*
> *Pois a voz de uma garota*
> *abala a Revolução?*
> *Narinha quis separar*
> *o civil do capitão?*
> *Em nossa ordem social*
> *lançar desagregação?*
> *Será que ela tem na fala,*
> *mais do que charme, canhão?*
> *Ou pensam que, pelo nome,*
> *em vez de Nara, é leão? [...]*
> *Que disse a mocinha, enfim,*
> *De inspirado pelo Cão?*
> *Que é pela paz e amor*
> *e contra a destruição?*
> *Deu seu palpite em política,*
> *favorável à eleição*
> *de um bom paisano – isso é crime,*
> *acaso, de alta traição?*
> *E depois, se não há preso*
> *político, na ocasião,*
> *por que fazer da menina*
> *uma única exceção? [...]*
> *Nara é pássaro, sabia?*
> *E nem adianta prisão*
> *para a voz que, pelos ares,*
> *espalha sua canção.*
> *Meu ilustre marechal*
> *dirigente da nação,*
> *não deixe, nem de brinquedo,*
> *que prendam Nara Leão.*

Após o protesto em massa da classe artística, o governo recuou. O ministro da Justiça, Mem de Sá, disse aos jornalistas que, embora considerasse "atrevidos e injustos os conceitos que a artista emitiu", não a enquadraria na Lei de Segurança Nacional. Assim como Ibrahim Sued, declarou acreditar que ela estava sendo usada ingenuamente como massa de manobra por opositores do regime:

> *Sei distinguir perfeitamente entre os elementos subversivos, merecedores de repressão, quando necessária, [e] os jovens inexperientes que se prestam ao jogo dos intrigantes, quando tentam indispor as Forças Armadas perante a opinião pública.*

Nara não se sentia usada por ninguém, mas estava cada vez menos à vontade na militância. Os seguidos compromissos profissionais, porém, misturavam-se às manifestações de protesto contra o governo, que se multiplicavam desde a instauração dos atos institucionais. Àquela altura não era possível evitar – qualquer coisa que ela fizesse se transformava, naturalmente, em manifestação política.

E não dava para sumir. Não naquele momento. A gravadora Philips esperava que aproveitasse o máximo possível a superexposição para aumentar a venda do novo disco, *Nara pede passagem*. Os amigos, órfãos do CPC extinto pelos militares, também contavam com o seu engajamento para seguir protestando contra os desmandos do regime.

Nara seria a próxima atração da boate Cangaceiro, em Copacabana. A temporada prometia, não por levar ao palco a cantora do momento, mas pelo timaço que se organizara em torno dela. Nara teria a companhia, mais uma vez, de Edison Machado na bateria e de um novo grupo vocal, também cria do CPC e muito elogiado: o MPB4. O texto do show seria assinado pelo amigo Ferreira Gullar e a direção não poderia estar em melhores mãos.

Antes do termo nascer, Guilherme Araújo já era considerado um dos mais promissores "marqueteiros" da música brasileira. Produtor, ex-assistente de Aloysio de Oliveira na gravadora Elenco, não se contentava apenas com o trabalho dentro do estúdio. Para ele, tão importante quanto a escolha das melhores canções e a decisão sobre os arranjos mais apropriados, era que o artista soubesse "se vender".

Quando Bethânia chegou ao Rio para substituir Nara no *Opinião* – e trouxe com ela parceiros dos shows no Teatro Vila Velha –, Guilherme enxergou a chance da vida. Não havia dúvida sobre o potencial artístico deles todos, mas seria preciso dar uma "repaginada" naquela turma. O talento cuidaria do resto. "Sim, Gracinha, você é um assombro de cantora, mas que tal trocar esse nome, hein? Por que não Gal Costa?" "E você, Antônio José? Em Irará, sua cidade, você pode até ser conhecido como 'Toin', mas de agora em diante será Tom Zé, tá bom?"

Guilherme Araújo não inventava talentos, potencializava-os, usando os recursos possíveis. Bethânia, que ele também dirigiu na boate Cangaceiro, recebeu orientação para aproveitar ao máximo o seu potencial dramático. Quando a desengonçada Nana Caymmi caiu no colo do produtor carioca, a primeira providência foi mandá--la a um cabeleireiro – o corte no estilo Mia Farrow ajudaria a conferir um ar de modernidade à imagem dela.

Com Nara, o desafio para Guilherme seria maior. Avessa a rótulos e a modismos, não aceitaria tão facilmente a ingerência e as imposições do empresário. Porém, ele conseguiu convencê-la a aproveitar o calor do momento, levando ao show a luta solitária de uma mulher de vanguarda contra um regime autoritário liderado por homens.

Mas Nara não precisaria necessariamente encampar o discurso da esquerda e fazer do espetáculo uma encenação panfletária típica do CPC. Em vez dos clichês já gastos, por que não ironizar os brucutus do Exército? O produtor sugeriu que Gullar escrevesse um texto para ser ouvido na abertura do show, antes da primeira canção, "História de um valente", de Nelson Cavaquinho. O poeta e ex-*affair* da cantora caprichou:

> *Ter medo de Nara Leão não dá pé*
> *Homem que se preza*
> *Não tem medo de mulher*
> *Nara, eu conheço ela*
> *Não mete medo a ninguém*
> *Ela apenas se comove*

Com as coisas que a vida tem
Com certas coisas se espanta
E, se não dá pé de cantar, canta
O que às pessoas espanta
É a verdade que canta,
Coisas más ou coisas boas
Ou do campo ou da cidade
São coisas da realidade
E dos sonhos das pessoas
Moço, não se meta
Com essa tal de Nara Leão
Que ela anda armada
Com uma flor e uma canção.

FERREIRA GULLAR

Gullar e Nara continuaram amigos, mas passaram a se ver com menos frequência. Logo após a temporada na boate Cangaceiro, a cantora percebeu que a única forma de se livrar da nova camisa de força – a do engajamento obrigatório – seria se afastar por um tempo da turma do *Opinião*. Mesmo que para isso tivesse que abrir mão da poesia de Gullar, do lirismo de Carlos Lyra e da força criativa de Vianninha.

Os amigos estranharam, mas era aquilo mesmo: Nara estivera de caso com um diplomata, João Augusto "Zoza" de Médicis, porém o romance só durou até ela cair nos braços – isso sim era inacreditável – de um topetudo neto de calabrês, ídolo da canção ítalo-brasileira e futuro astro da Jovem Guarda: Jerry Adriani. Era como se Sylvinha Telles anunciasse o namoro com Ronnie Von, algo tão improvável quanto Aloysio de Oliveira produzir um disco de iê-iê-iê.

Nara não sentia vergonha de namorar um cantor romântico em plena ditadura – constrangedor, para ela, era testemunhar antigos desafetos mudarem de lado de acordo com as circunstâncias "de mercado":

Vários outros cantores começaram a cantar protesto, aí eu disse: "Bom, não dá mais para cantar protesto, não dá mais pé". Quando a turma que não cantava começou a cantar, me manquei e disse:

"Jacarezinho do Pântano" com a mãe Dona Tinoca e a irmã Danuza Leão.

Em Copacabana, com uma amiga, num raro momento fora do casulo.

Nara podia fazer tudo que uma pré-adolescente de classe média nem sonhava: até aulas de violão com um professor negro.

Desde que conhecera Nara, vizinha de Posto 4, um novo mundo se abrira para Roberto Menescal.

A adolescente em Copacabana: poucas vezes durante essa fase da vida ela fez questão de ser notada.

O famoso e desejado joelho, tão sutil
quanto um acorde bossa-novista.

Dançando no baile de 15 anos com Jairo Leão: ela demoraria anos para se livrar da onipresença paterna.

No sala do apartamento da avenida Atlântica: "Nunca tive motivos concretos que determinassem minhas neuroses; sempre houve uma soma de pequenas coisas".

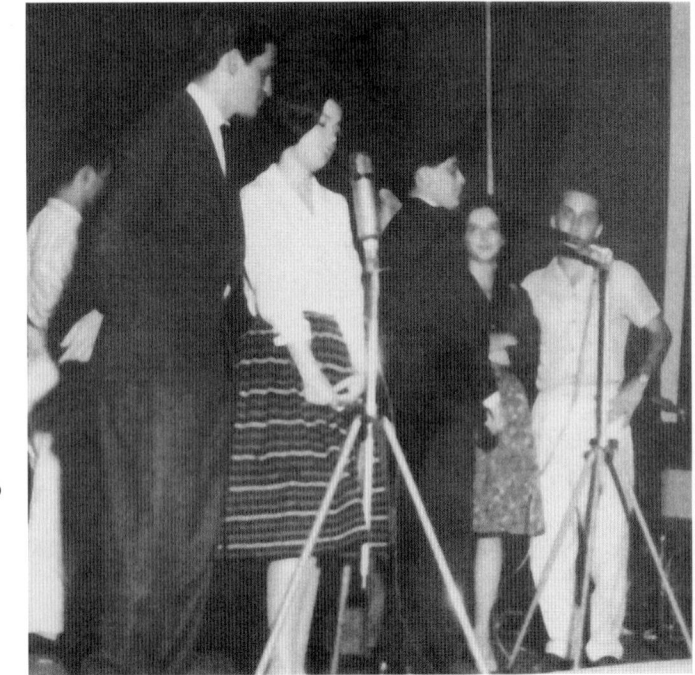

A estreia no auditório da Escola Naval, em 1959, ao lado de Ronaldo Bôscoli, Luiz Eça e Roberto Menescal: para uma menina de 17 anos, cheia de grilos, não havia nada mais intimidador.

Com João Gilberto na Praia do Diabo, Arpoador: a atitude *cool*, as roupas, o joelho de fora, o cabelo, o andar, os trejeitos, tudo, absolutamente tudo, era bossa nova.

Cantando com o Tamba Trio: uma nova Nara Leão logo surgiria para a música e não seria pelas mãos dos machos alfas da bossa nova.

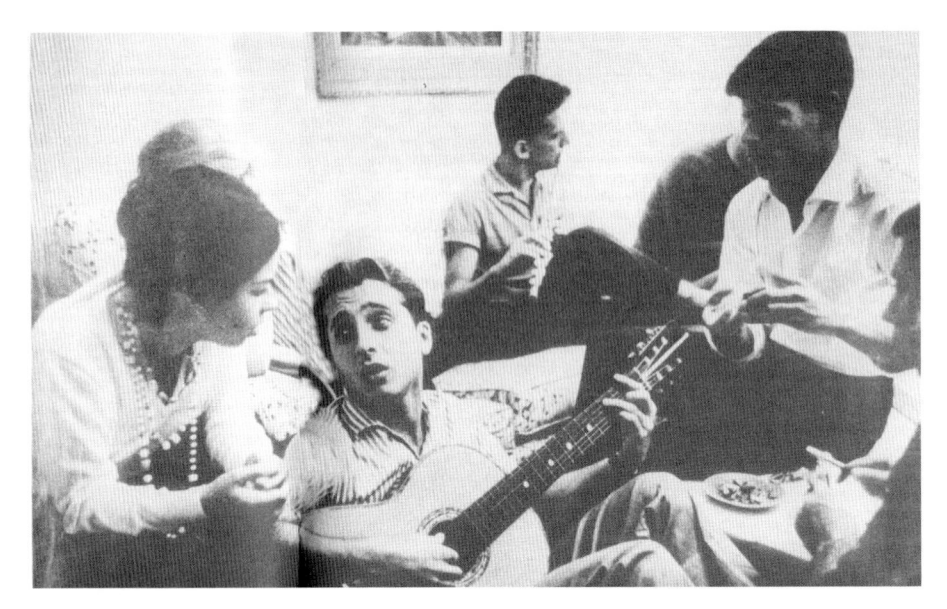

No apartamento do doutor Jairo, com Roberto Menescal, Dori Caymmi e (ao fundo) Bebeto Castilho: "Acho mesmo que só permaneci no grupo por causa da minha casa. Ninguém acreditava em mim, mas ninguém me escutava cantando".

Com Samuel Wainer e Danuza: ajudada pelo cunhado e dono da *Última Hora*, ela começaria a deixar de ser o bibelô da bossa nova.

Em Copacabana, pegando um sol com Danuza: "Eu era quieta, tímida e me considerava muito feia. E o que é pior: era irmã de mulher bonita. Eu não existia, não era Nara Leão".

Nara logo estaria pronta para ser Nara. Só faltava subir o morro.

Com Carlos Lyra, Aloysio de Oliveira e Vinicius de Moraes no ensaio de *Pobre Menina Rica*, em 1963: adeus amor, sorriso e flor.

Zé Kéti e Nelson Cavaquinho ensaiam no apartamento da filha de Jairo Leão: danos irreversíveis ao estoque de bebidas do advogado.

Chico Buarque parecia ter nascido para compor músicas para ela. Outra característica os unia – e no início quase os separou –, a timidez crônica.

O casamento com Cacá Diegues não durou para sempre. Ele jamais conseguiu entender os intermináveis dilemas existenciais da esposa.

Encarando a plateia e os fotógrafos, assistida por Caetano Veloso e Rita Lee: "Se querem ser meus amigos, por favor, não me convidem pra cantar. Não aguento mais!".

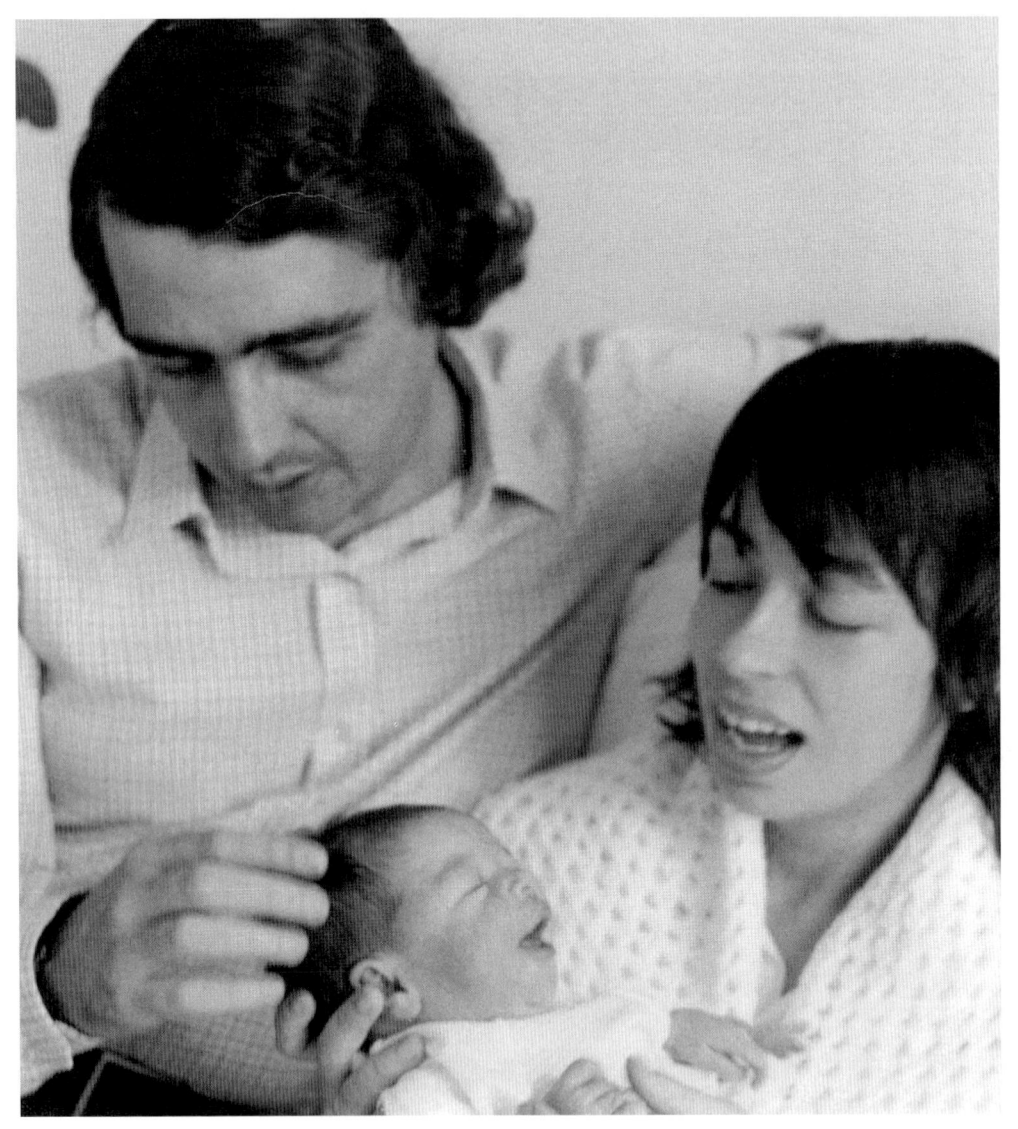

Cacá e Nara, no exílio em Paris, emocionados com o nascimento de Isabel: ela conseguiria, pela primeira vez, um tempo pra se dedicar à vida de mãe e de dona de casa. Pouco importava se as amigas feministas a achassem antiquada.

Com os filhos Francisco e Isabel: disposta a ser uma pessoa comum.

Nara com os filhos.

> *"Estou fazendo papel de trouxa". [...] Quando outras pessoas que eu considerava muito reacionárias foram ficando subversivas, eu achei esquisito.*

A cantora não citava nomes, mas no meio musical se sabia quem eram os tais reacionários transformados, da noite para o dia, em subversivos da vez. Tratava-se de dois irmãos, talentos da bossa nova, que se diziam representantes genuínos da primeira fase do gênero, a do lirismo sem conotação política. Marcos e Paulo Sérgio Valle se dispunham a cantar as belezas do Rio, não as agruras do Brasil.

Quando a bossa nova rachou e parte dela – Carlinhos Lyra, Sérgio Ricardo e Nara Leão – abraçou as ideias do CPC e foi fazer música engajada, os irmãos Valle organizaram um show para condenar essa guinada. O nome do espetáculo, *Reação*, já dizia tudo: era preciso reagir imediatamente contra aqueles que se apropriaram das bases bossa-novistas para descaracterizar um gênero tão bonito e apartidário, que tinha compromisso apenas com o bom gosto e não com "causas subversivas".

O roteiro da apresentação no Teatro Princesa Isabel, no Rio, citava várias vezes o jornalista Sérgio Bittencourt, o raivoso filho de Jacob do Bandolim e líder da cruzada contra Nara Leão. Durante o espetáculo, os artistas se revezavam cantando clássicos da bossa e desferindo críticas a musicais como *Opinião*, *Liberdade, liberdade* e *Arena conta Zumbi*. O recado era claro: "Não achamos direito impingir ideias pessoais ou partidárias, principalmente usando-se a música para isso".

O show se encerrou com uma canção composta pelos irmãos Valle especialmente para a ocasião, batizada de "Resposta". Um samba feito para Nara Leão:

> *Se alguém disser que teu samba*
> *Não tem valor*
> *Porque ele é feito somente*
> *De paz e de amor*
> *Não ligue não*
> *Que essa gente não sabe o que diz*

Era direito dos autores defender um ponto de vista. Ela mesma já havia se posicionado de maneira implacável contra a bossa nova e a falta de conexão do gênero com a realidade social do país. Também mudara o rumo da carreira diversas vezes. Críticos lhe cobravam coerência artística, o que de fato não cultivava, e mais pela dificuldade em tomar parte de qualquer movimento. Mas não podiam acusá-la de oportunista.

Nara logo percebeu que a música de protesto estava se tornando um produto fonográfico poderoso e sem autenticidade. Ainda mais depois da adesão de artistas que meses antes atacavam o engajamento e a politização da música brasileira.

Mais inusitado foi descobrir que os mesmos irmãos Valle, ex-surfistas de Ipanema, criaram uma verdadeira canção de protesto – não uma musiquinha como "Resposta" contendo pequenas provocações, e sim algo como "Viola enluarada", composição que conseguia parecer obra de gente doutrinada pelo CPC:

Viola em noite enluarada
No sertão é como espada
Esperança de vingança
O mesmo pé que dança um samba
Se preciso vai à luta

A tréplica para "Resposta" seria dada em grande estilo. Enquanto os ânimos se acirravam, Nara se preparava para gravar uma singela marchinha, quase infantil, composta por um moço de olhos azuis, estudante de arquitetura ainda mais tímido do que ela e que também estava sem paciência com os falsos engajados.

CAPÍTULO 9

FRANCISCO

Nara e Cacá Diegues começaram a namorar para valer num momento de virada na vida de ambos. Enquanto ele engatava uma promissora carreira como diretor de cinema, ela estava disposta a casar e ter filhos, ser uma pessoa comum. Não escondia a insatisfação com os crescentes compromissos profissionais e a exposição pública. Ritmo, aliás, imposto pela própria cantora ao aceitar a gravação de um disco a cada seis meses, intercalados com novos musicais e temporadas de apresentações pelo país.

Um jornalista de O Globo havia testemunhado – e reproduzido na coluna – o desabafo de Nara diante de Flávio Rangel e de outras pessoas na mesa de um boteco de Ipanema: "Se querem ser meus amigos, por favor não me convidem para cantar. Não aguento mais!". O problema estava justamente nos amigos, os antigos e os novos, todos talentosíssimos, diretores de teatro, de cinema, compositores, músicos, arranjadores, alguns deles desconhecidos esperando apenas um empurrão para sair do limbo.

Dar esse tipo de empurrão era natural em Nara. O *Show Opinião* nascera de um disco dela com esse título – e o mesmo conceito de trazer para o primeiro plano sambistas de morro, músicos do sertão nordestino e temas sociais. Foi o que fez também com os dissidentes da bossa nova, com a turma do CPC encurralada pelos militares, com Edu Lobo, com os baianos do Vila Velha – se não fosse por ela, Maria Bethânia talvez nunca tivesse saído da Bahia.

Os trabalhos de Nara resultavam dessa generosidade e da aptidão para reconhecer um artista de grande talento, fosse quem fosse, tivesse ou não referências sobre ele. O mais recente disco, *Nara pede passagem*, gravado no início de 1966, trazia uma baciada de novidades, além do bom gosto de sempre na escolha das músicas.

Além de Vinicius e de Baden ("Amei tanto"), de Humberto Teixeira e Lauro Maia ("Deus me perdoe"), de Nelson Cavaquinho e Guilherme de Brito ("Pranto de poeta"), de Noel Rosa, Anescar e Walter Moreira ("Palmares") e de Elton Medeiros e Joacyr Sant'Anna ("Quatro crioulos"), alguns ilustres desconhecidos assinavam canções no disco, todos muito diferentes uns dos outros, mas um especialmente parecido com Nara – em quase tudo.

Sidney Miller ("Pede passagem"), Jards Macalé ("Amo tanto") e Paulinho da Viola ("Recado") surgiam como autores formidáveis, prontos, e um deles, Chico Buarque de Holanda, parecia ter nascido para compor músicas para ela. Outra característica os unia – na verdade, no início, quase os separou –, a timidez crônica.

Nara esteve com Chico pela primeira vez no apartamento de Copacabana, nos primeiros meses de 1965. Em pânico, ele mal abriu a boca. Conseguiu só explicar que era estudante de arquitetura em São Paulo, mas queria mesmo fazer música – e tinha algumas para mostrar. Pegou o violão e cantou, enquanto Nara registrava no gravador, também sem ter muito o que dizer, deslumbrada com o que ouvia.

A cantora decidiu incluir três daquelas canções em *Nara pede passagem* ("Pedro Pedreiro", "Olê, olá" e "Madalena foi pro mar") e pediu que Chico não parasse mais de criar. E que, se possível, fizesse mais canções para ela. Que tal se compusesse uma que funcionasse como resposta àquela gente chata e oportunista que cobrava engajamento alheio, mas que não colocava a mão na massa? Desde a polêmica entrevista ao *Diário de Notícias*, Nara vinha sofrendo mais pressão de setores da esquerda do que da direita raivosa.

Chico já podia atender ao pedido. Tinha composto uma singela marchinha, batizada de "A banda", também pensando nos patrulheiros ideológicos:

> *Quando compus "A banda" eu me lembro que – para não dizer que havia unanimidade – havia sim uma discreta condenação por parte da esquerda, que ainda insistia em ouvir o grito de "opinião", o grito de carcará etc. Nara, aliás, me acompanhou nesse movimento porque ela também já estava cansada dessa tal música de protesto que se fazia então, que não passava das portas do teatro e que, no fim das contas, era ineficaz. "A banda" era uma retomada do lirismo, proposital mesmo.*

Era "A banda" que Nara cantarolava no fusca de Cacá quando ele foi buscá-la no aeroporto Santos Dumont. Ela vinha de mais um final de semana de trabalho em São Paulo e dessa vez não reclamou do excesso de cansaço e de quanto havia se tornado absolutamente insuportável fazer shows e lidar com o assédio dos fãs.

Nara contou a Cacá que estava feliz porque ia gravar mais canções daquele menino, o de "Pedro Pedreiro", filho do historiador Sérgio Buarque de Holanda, que ela havia apresentado ao namorado semanas antes, na boate Le Rond Point, em Copacabana.

Depois do empurrão de Nara, Chico ia muito bem. Mesmo ainda cursando a faculdade, desistira da ideia de ser arquiteto, frustrando a vontade de grande parte da família – principalmente da avó materna, que sonhava em vê-lo desenhando prédios e monumentos como Oscar Niemeyer.

Chico queria viver de música e, mesmo que ainda não pudesse pagar as contas – os cachês não passavam de míseros 50 mil cruzeiros por apresentação (cerca de 30 dólares) –, emplacara uma composição no I Festival Nacional de Música Popular Brasileira, promovido de março a abril de 1965 pela TV Excelsior.

Geraldo Vandré, o intérprete de "Sonho de um Carnaval", não conseguiu classificar a canção de Chico para as finais do festival, vencido por Edu Lobo e Vinicius de Moraes, autores de "Arrastão", defendida por Elis Regina. Mas, a essa altura, Chico já conquistara o respeito da classe artística, sobretudo pela ligação quase umbilical com Nara Leão, que lhe abriu todas as portas, como ele confidenciou em entrevista anos depois: "Foi a glória conhecer Nara. Comecei a ser aceito principalmente como compositor. Na época, o mais importante foi isto: a Nara ter gravado minhas músicas".

Paulinho Machado de Carvalho, diretor artístico da TV Record, enciumado com o sucesso do festival de música organizado pela emissora concorrente, decidiu também promover o seu. Cinco anos antes, em 1960, a emissora paulista havia realizado a I Festa da Música Popular Brasileira, um fracasso de audiência, sem nenhuma repercussão.

Agora seria diferente, apostava o diretor. Ele contava com uma geração de autores e intérpretes – boa parte deles contratados da emissora – que logo se provaria como uma das mais talentosas da história da música popular brasileira. Ou, no mínimo, equivalente à geração dos anos 1930, de Ary Barroso, Noel Rosa, Lamartine Babo, Braguinha e companhia.

Nara, contratada da TV Record, decidiu, entre tantas opções, defender "A banda", de Chico. Nada mais justo. O autor tinha resistido ao assédio de vários outros intérpretes encantados com a canção. Recusou até o pedido de ninguém menos do que Mário Reis, que ouvira a marchinha pela primeira vez na voz de Odete Lara, num show dividido com Chico (a estreia dele no Rio de Janeiro) e MPB4 na boate Arpège, no Leme.

Paulinho Machado de Carvalho e os diretores do festival, Manoel Carlos e Solano Ribeiro, entusiasmaram-se com a escolha de Nara. O fato de uma intérprete com sua qualidade e renome, ex-estrela do espetáculo *Opinião*, escolher uma despretensiosa marchinha – e não uma canção de protesto – daria ainda mais publicidade à competição. Era justamente esse clima de antagonismo entre duas turmas, a engajada e a alienada politicamente, que garantiria a subida de audiência.

O II Festival da Música Popular Brasileira reuniu o que havia de melhor – e pior – na produção nacional. Os de menor qualidade foram logo desclassificados. De nada adiantou a Sérgio Bittencourt tomar aulas de cifras musicais com o pai, Jacob do Bandolim: "Canção de não cantar", defendida pelo MPB4, ficou pelo caminho.

Até um dos companheiros de roda de pôquer de Jairo Leão, Millôr Fernandes, tentou uma vaguinha na final – e, para chegar lá, contava com Nara, a intérprete de "O homem" (era possível defender mais de uma canção durante as eliminatórias). Mas nem o talento de Nara conseguiu mascarar as limitações musicais do celebrado jornalista e humorista.

Nos ensaios de "A banda", Manoel Carlos e Solano Ribeiro detectaram um grande problema: quase não se ouvia a voz de Nara, abafada pelo som do conjunto que a acompanhava. Não era o caso de pedir aos músicos que tocassem "baixinho" – aquele não era um *pocket show* no apartamento de Jairo Leão, e sim a apresentação num grande teatro. E nem cabia solicitar a Nara (justamente a ela) que encarnasse Maria Callas. Os diretores, então, chamaram o autor para subir ao palco.

Criou-se outro problema, ainda maior. Chico, tomado pela timidez, não conseguia impor a voz – ou pelo menos se harmonizar com o som vindo da banda. Ficou decidido que Chico cantaria boa parte da música acompanhado apenas do violão e que Nara só entraria no fim. Ninguém reclamou, muito menos ela, que passou a bucha para Chico.

"A banda" passou às finais e dividiu a preferência do público com "Disparada", de Geraldo Vandré e Theo de Barros, interpretada por Jair Rodrigues. Na noite da apresentação, Danuza Leão levou ao camarim um conjunto prateado trazido de Paris, que podia combinar com alguma coisa, menos com a simplicidade quase brejeira da irmã.

Danuza insistiu, Nara caiu no choro, disse que por nada no mundo colocaria uma roupa de nave espacial e que já tinha ido longe demais ao encarar aquela gente toda. Depois de muita discussão, cedeu às dicas da irmã modelo e se apresentou de minissaia prateada, suéter de malha da mesma cor e um mocassim também prateado.

Não havia dúvida sobre o potencial popular de uma canção como "A banda", mas sim sobre a capacidade de Chico e Nara, dois bichos do mato, de empolgar uma grande plateia. Chico deu conta do recado, sem ser brilhante, mas sem gaguejar (ele tinha a plateia feminina a seu lado) e Nara entrou no fim, tensa, dura como uma pedra, mexendo a cabeça de um lado ao outro, sem sair do lugar. O público, enlouquecido, pouco se importou com a falta de traquejo da dupla.

Seria uma barbada se a rival não fosse "Disparada", magistral galope de Geraldo Vandré interpretado por Jair Rodrigues com virtuosismo e carisma – e que ainda tinha o apoio do Trio Novo, formado pelos gigantes da música instrumental brasileira Theo de Barros, Heraldo do Monte e Airto Moreira.

Como desejava Paulinho Machado, o circo pegou fogo. Pela primeira vez um festival de música era transmitido direto de São Paulo para o Rio. Nos bastidores, o diretor artístico da TV Record foi informado que o júri já tinha feito a escolha: "A banda" seria vencedora, com sete votos, contra cinco de "Disparada".

Chico soube da decisão e avisou os diretores que devolveria o prêmio em público, no palco, se fosse escolhido vencedor – o justo, no mínimo, seria dividir o prêmio com Geraldo Vandré e Theo de Barros, autores de "Disparada". Paulinho Machado aceitou a sugestão de Chico, e as duas canções foram anunciadas vencedoras do II Festival da Música Popular Brasileira da TV Record.

Se Nara pretendia fugir do turbilhão da política cantando uma marchinha, meteu-se logo em outro. Os dois foram sugados pela indústria fonográfica, que se preparou para faturar alto com eles. A RGE, gravadora de Chico, e a Philips, de Nara, lançaram imediatamente compactos com ambos cantando "A banda", Chico, jovem, bonito e talentoso, virou o "namoradinho do Brasil", ocupando por um momento o trono de Roberto Carlos – e do qual fez questão de se livrar assim que possível.

Os executivos da gravadora Philips urraram de alegria quando souberam que Nara incluiria outras canções de Chico no novo disco, *Manhã de liberdade*, com lançamento previsto para algumas semanas depois de terminar o festival da Record. Não esperavam, porém, é que a cantora se negasse a gravar "A banda". Para ela, seria oportunismo e uma injustiça com Chico, o autor, que tinha o direito de lançá-la primeiro no formato LP.

João Araújo, diretor artístico da Philips, não gostou do que ouviu. Não era o momento de discutir ética, e sim de aproveitar a superexposição da marchinha para alavancar as vendas do disco.

E ele soubera que Chico não se opunha a que Nara a gravasse. Enfim, aquilo não fazia sentido.

Nara mostrou-se irredutível. Chico fora gentil, como era de seu feitio, mas ele merecia, sim, gravar sua música sozinho no disco de estreia. Além do mais, com tantas outras boas composições dele, seria previsível demais incluir no *Manhã de liberdade* um sucesso que estava tocando sem parar no rádio e na televisão.

Para desespero de João Araújo, Nara preferia abrir o novo disco com "Funeral de um lavrador", o poema de João Cabral de Melo Neto musicado por Chico. Ela já o tinha cantado junto com o autor da melodia e com Odete Lara em boates de Copacabana – e para o próprio poeta pernambucano durante um jantar na casa de Odete.

João Cabral não apreciou a audição – achou que o trio tirara a dramaticidade do poema, adocicando-o. Nara tomou um choque diante de seu comentário duro e seco: "Você nem deve fazer ideia do significado das palavras que canta na letra".

Ferreira Gullar convenceu Nara a deixar de lado a rabugice de João Cabral e gravar "Funeral de um lavrador" no seu estilo. Seria a volta a um tema social e político, exatamente no momento em que os donos do mercado tentavam fazer dela uma cantora comportada e previsível.

Aquele era o modo de ela ver as coisas, de lidar com a música, como explica Gullar no texto de apresentação do disco:

> *Nara também protesta, faz-se veículo da insatisfação popular, dá voz a esperanças sufocadas. O interesse político de Nara não lhe impede de ter uma visão ampla da canção popular e de valorizá-la em diferentes aspectos, como em suas diferentes épocas e fases. Ela parece fazer questão de mostrar que a canção popular muda, transforma-se, se enriquece e, não obstante, continua a mesma. O seu repertório é prova disso.*
>
> Ferreira Gullar

Faltando poucos dias para o fim da gravação, Armando Pittigliani, produtor do disco, chamou Nara para uma conversa no estúdio. Disse entender as razões dela, mas, argumentou, a inclusão de "A banda" aumentaria a vendagem do álbum e, com isso, permitiria que as demais músicas alcançassem um número maior de ouvintes. Seria um bom momento para oferecer produtos de qualidade para as massas.

Nara aceitou as razões de Pittigliani e mudou de ideia. Achou interessante atingir uma faixa de público maior e mais diversificada. Ela admirava o alcance popular dos cantores do rádio e da televisão, sobretudo a autenticidade de astros como Roberto Carlos, Erasmo Carlos e Wilson Simonal, detestados pelas duas últimas turmas, a da bossa nova e a do CPC – e tão amados pelo grande público. Com "A banda" abrindo o disco, *Manhã de liberdade* vendeu cem mil cópias em três semanas.

Empolgado com o sucesso de Nara e de Chico, o diretor e futuro autor de novelas Manoel Carlos teve uma das piores ideias da história da televisão: convidou ambos – os artistas mais encabulados da música brasileira – para apresentarem juntos um programa na TV Record que recebeu o nome de *Pra ver a banda passar*.

Diante das câmeras e microfones, parecia que estavam mesmo só vendo a banda passar, incapazes de empolgar os convidados e a plateia presente no estúdio. Em casa, os telespectadores eram tomados pelo sono assim que a dupla entrava no ar. O programa foi tirado da grade da emissora em poucos meses, para alívio dos apresentadores e também de Manoel Carlos, que assumiu o erro e os apelidou de "os maiores desanimadores de auditório do Brasil". Chico e Nara concordaram.

E cada um foi se dedicar ao que mais sabia: ele recuperou a tranquilidade para a criação de novas composições, e ela, para a seleção das canções dos próximos discos, que não paravam de sair – a cantora não conseguiria cumprir a promessa, feita a si mesma, de diminuir o ritmo de trabalho.

Lançado no primeiro semestre de 1967, em meio à polarização musical e política, *Vento de maio* não se prendeu a conceitos estéticos nem apontou tendências, mas refletiu a adoração de Nara por Chico e por outro jovem compositor, Sidney Miller.

Os dois autores assinavam nove das doze canções de *Vento de maio*. Chico explica no encarte do disco, a quem insistisse em cobrar coerência artística de Nara, que a força da obra estava justamente na falta de compromisso com coisas externas a ela, a não ser consigo própria e com aquilo em que acreditava:

> A primeira vez que vi Nara Leão achei que ela era a Musa, minha e da bossa nova. Depois, Nara foi se desmusando, se desmusando... Cortou curto os cabelos, meteu uns blue-jeans e saiu por aí. Mais romântica, menos intimista, gritou umas verdades no teatro. As verdades ficaram no teatro e Nara foi para a televisão. Levava a sua verdade e a música brasileira para o grande público.
>
> FERREIRA GULLAR

A cantora corajosa na hora das verdades, a mulher independente apontada por Chico pediu a ele para compor uma música que retratasse a rotina da mulher brasileira. Era ela quem segurava qualquer barra possível dentro de casa, enquanto o marido passava o dia fora, do trabalho para a farra – e ainda exigia que tudo estivesse pronto quando chegasse.

Nara queria uma canção que assumisse uma posição feminina, narrada por uma mulher. E que não fosse a Amélia de Ataulfo Alves e Mario Lago (autores do samba "Ai que saudade de Amélia", lançado em 1942), aquela que não tinha a menor vaidade e, se preciso, passava até fome ao lado do marido.

Essa dona de casa idealizada por Nara deveria, ao menos, ter consciência de suas privações e não aceitar prazerosamente o papel da submissa e resignada. Chico entendeu o recado e compôs "Com açúcar, com afeto":

> *Com açúcar, com afeto, fiz seu doce predileto*
> *Pra você parar em casa, qual o quê*
> *Com seu terno mais bonito, você sai, não acredito*
> *Quando diz que não se atrasa*
> *Você diz que é um operário, sai em busca do salário*
> *Pra poder me sustentar, qual o quê*

Era a primeira de muitas canções de Chico em que a mulher assume a narrativa na primeira pessoa. Ironicamente, o compositor pareceu se manter preso aos preceitos machistas da época. Na hora de registrar a música em estúdio, resolveu não interpretá-la, passando a tarefa para a cantora Jane Morais do grupo Os Três Morais. "Não poderia cantar por motivos óbvios", admitiu depois.

Nara ficou surpresa quando constatou que até para Chico Buarque parecia inconcebível cantar música narrada por uma mulher. Ela o convenceria de que aquilo não passava de uma grande bobagem. "Eu era um sujeito machista, no sentido de não assumir, de ter medo de ser chamado de bicha", admitiria o compositor em entrevista à revista *Playboy*, em 1979.

Que dona Tinoca continuasse sendo a Amélia de Jairo Leão. Nara seguiria o caminho inverso do escolhido pela mãe, o da liberdade e da independência – ela estaria de braços abertos para o namorado e quase marido, mas não admitiria nenhum arroubo machista de Cacá Diegues.

CAPÍTULO 10

DESENCANTO

Nara e Cacá casaram-se no dia 26 de julho de 1967 em cerimônia no apartamento de doutor Jairo e dona Tinoca. O pai fez uma exigência: que a filha se unisse com separação de bens – ele cuidaria da papelada, como sempre fizera. E ela havia deixado claro: finalmente longe de casa, não aceitaria mais a onipresença paterna.

O advogado controlava tudo – possuía até uma procuração assinada por Nara que o permitia comprar e vender imóveis adquiridos pela caçula. Era mais uma das muitas incongruências de doutor Jairo – ele incentivava as filhas a serem independentes, mas desde que continuassem sob a sua governança.

A lista de convidados do casamento reuniu amigos das várias turmas de que Nara participou. Danuza e Samuel foram os padrinhos. Chico Buarque, Marieta Severo, Tom Jobim, Vinicius de Moraes, Aloysio de Oliveira, Flávio Rangel – e o pessoal do Cinema Novo em peso – também deram um abraço no casal.

André Midani compareceu como amigo e representante da Philips, e fez questão de bancar as despesas com a lua de mel dos noivos em Nova York. Um mimo justo pelos lucrativos serviços prestados pela contratada. Antes de embarcar, Nara tinha deixado mais um disco pronto – o sétimo em apenas três anos (o sexto pela gravadora).

A rapidez com que ela produzia os discos contrastava com o apuro e a paciência na escolha das canções. Antes de chegar ao estúdio para o novo trabalho, enfurnou-se no apartamento do folclorista e antropólogo Manuel Diegues Júnior, pai de Cacá, estudioso da música brasileira e dono de uma grande coleção de gravações. E Nara deixou a discoteca do sogro ainda mais encantada com Carmen Miranda, que Cacá havia lhe apresentado anos antes.

O disco abria com um dos grandes sucessos na voz de Carmen – "Tic-tac do meu coração" –, seguia com um clássico de Ary Barroso, "Camisa amarela", e depois com "Lancha nova", de João de Barro, o Braguinha, outro compositor que ela passara a ouvir com mais profundidade após a imersão nas obras guardadas por Manuel Diegues.

Nara, gravado no fim do primeiro semestre de 1967, não era propriamente um resgate da música brasileira dos anos 1930/1940. Lá também estavam canções de Edu Lobo, Dori Caymmi, Chico Buarque, Tom Jobim e Vinicius – e de mais uma estreante, Sueli Costa. Aliás, não havia como enxergar uma unidade, um conceito no repertório, marca da maioria dos seus trabalhos.

Chico Buarque já tinha matado a charada ao escrever no encarte do *Vento de maio* que Nara começava a se descomprometer da obrigação de soar como artista de vanguarda, de apontar novos caminhos e tendências. Ao assumir "aquele ar de desencanto, quase beirando à displicência", ela se permitia gravar o que bem entendesse, sem criar grandes expectativas.

Aloysio de Oliveira foi chamado para produzir *Nara,* que contaria com arranjos do bossa-novista Oscar Castro Neves. Quem ouvisse com mais atenção as músicas selecionadas perceberia, sim, uma mensagem, embora subliminar, inconsciente. O disco continha os gêneros e compositores que haviam feito a cabeça da cantora desde que iniciou a carreira. Carreira esta que estava decidida a encerrar – e dessa vez para valer.

A superexposição de "A banda" obrigou Nara a enfrentar a pior parte do trabalho de um artista – pelo menos para ela: a de cumprir a liturgia imposta pelo sucesso. Detestava dar autógrafos, receber pessoas no camarim, participar de programas de colegas e, principalmente, fazer shows. Como agravante, ainda tinham inventado um programa de televisão para ela e Chico apresentarem. Não desejava passar por esse mico novamente.

E não era só a agenda de *popstar* que a incomodava. Transformada num Fla-Flu pelos diretores da TV Record, a música brasileira seguia se alimentando de polêmicas. A da vez, a Marcha Contra a Guitarra Elétrica, tinha conseguido mobilizar até amigos como Edu Lobo e Gilberto Gil em torno de uma causa inviável num mundo globalizado: a luta para proteger a "pureza" da MPB contra a invasão de instrumentos e ritmos estrangeiros.

O casamento com Cacá apressou a realização de uma vontade antiga: ser mãe. Não desejava repetir a trajetória de Celly Campello, a cantora que, no auge do sucesso, deixou a carreira para viver com um contador no interior de São Paulo, dedicando-se apenas a cuidar da família. Nem queria ser como a mãe, dona Tinoca. Mas também não aceitaria se tornar refém de uma agenda que não estava mais inclinada a cumprir.

Numa entrevista concedida ao jornal *Pasquim*, anos depois, Nara contou por que havia decidido diminuir o ritmo justamente no momento em que se esperava dela o aproveitamento do embalo conquistado após o sucesso de "A banda" – impulso, aliás, que Chico e outros artistas da sua geração não tiveram pudor algum em aproveitar:

> *Confesso que me deu vontade de ter uma vida pessoal, de fazer uma experiência mais profunda de viver uma vida minha. [...] Você não se pertence, pertence ao público. Estou cansada de dar satisfação do que faço. [...] Agora, não tenho problema de competição com ninguém. Sou independente, emancipada e não me incomodo, por exemplo, de fazer tricô, não me diminui em nada, eu não tenho os chamados problemas femininos. Para mim, foi como uma experiência de adolescente, mas a adolescência acabou.*

Mas como passar uma tarde tricotando em casa enquanto estudantes e militantes apanhavam nas ruas? Nara se viu novamente na linha de frente depois de voltar da lua de mel em Nova York e se deparar com o país em chamas. O presidente Costa e Silva intensificara a repressão contra grupos opositores do regime, respondendo com violência a qualquer ato contra o governo.

O enfrentamento resultou na morte do secundarista Edson Luís, atingido por uma bala da polícia no dia 28 de março de 1968, durante manifestação no restaurante Calabouço, refeitório no centro do Rio que atendia estudantes pobres vindos de outros estados.

Edson Luís, jovem de família humilde que saíra do Pará, não estava envolvido com nenhum grupo militante, e sua morte causou grande comoção. Nara pediu ao amigo Nelson Motta todo o espaço da prestigiada coluna "Roda Viva", publicada na *Última Hora*, para que ela escrevesse um texto em protesto contra o assassinato do estudante.

Quase dois anos haviam se passado desde a bombástica entrevista ao *Diário de Notícias*, quando Nara dissera que o Exército brasileiro não servia para nada e, portanto, o melhor a fazer era extingui-lo. Dessa vez, ela conclamou a classe artística a uma mobilização para boicotar qualquer tentativa dos militares de impor uma "propaganda positiva" do governo.

Em 1º de abril de 1968, quatro anos após o golpe, a coluna de Nara, com o título "É preciso não cantar", peitava as três forças armadas – em pleno recrudescimento do regime:

> *Um estudante de 16 anos morreu porque queria instalações sanitárias e comida para melhor cumprir suas funções de estudante. Não se trata nem mesmo de uma manifestação político-ideológica. Mas o governo do estado da Guanabara não podia concluir as obras do Calabouço, porque tinha muitas despesas com o Carnaval para fantasiar a miséria, a falta de hospitais, a chacina dos índios, os excedentes universitários etc. Enfim, um turismo mentiroso para um Brasil miserável de verdade.*
>
> *Enquanto as obras do Calabouço custariam 80 milhões de cruzeiros antigos, gastam-se 500 milhões para um Festival Internacional da Canção, "propaganda e promoção do nosso querido Brasil e da sua maravilhosa música popular". É o festival da "propaganda positiva". Para que preocupar os países amigos e*

desenvolvidos com os nossos problemas de fome, miséria e morte? Vamos fazer para eles um belo espetáculo de circo, com piruetas na corda, bailarinas velhas com varizes escondidas. O que se passa fica entre nós.

Fizemos uma greve de teatro contra a censura. E voltamos a cantar. Mas é impossível cantar, sabendo que os estudantes estão sendo assassinados nas ruas. "As providências serão tomadas nas horas devidas" e ninguém sabe que hora será essa. "Os culpados serão punidos", mas acontece que os que dizem que vão punir são os verdadeiros culpados. Por isso, é preciso não cantar. [...] A realidade está demais para ser cantada e celebrada.

Os conflitos se acirraram e culminaram numa das maiores manifestações populares de resistência à ditadura. Convocada pelas lideranças estudantis, a Passeata dos Cem Mil ocupou as ruas da Cinelândia, no centro do Rio, no dia 26 de junho de 1968. Nara puxou a marcha, na primeira fila, ao lado de Cacá, Caetano, Chico, Nana Caymmi e representantes de diversos setores da sociedade.

O governo reagiu. Uma semana depois, o ministro da Justiça, Gama e Silva, anunciou a proibição de qualquer tipo de manifestação em todo o território nacional – uma prévia do que viria pela frente. O mesmo ministro assinaria, em dezembro daquele ano, o mais duro ato institucional da ditadura, o AI-5, que, entre outras arbitrariedades, permitia ao governo fechar o Congresso, cassar mandatos, intervir nos estados e municípios, suspender direitos políticos e exacerbar a censura à imprensa e aos artistas.

A ofensiva dos militares agravou ainda mais o clima de tensão nos corredores da TV Record. Paulinho Machado de Carvalho incentivava as rixas entre os artistas contratados, desde que a audiência continuasse aumentando e não houvesse problemas com as autoridades – algo praticamente impossível de conciliar naquela conjuntura política.

O diretor havia atendido um pedido de Elis Regina sabendo ter atiçado ainda mais uma disputa que parecia não ter fim. Insatisfeita com a extinção do *Fino da bossa* e com a crescente popularidade da *Jovem Guarda*, a cantora conseguiu o apoio da emissora para a criação da Frente Única da Música Brasileira.

Os líderes da frente – Elis, Geraldo Vandré, Gilberto Gil e Simonal – se revezariam, cada vez um, na apresentação de programas mensais. Eles se juntaram nesse campo de batalha sem compartilhar posições estéticas e ideológicas. O objetivo seria combater um inimigo comum – Roberto Carlos e a febre do iê-iê-iê –, mas, na prática, a Frente Única foi criada para que os quatro líderes tentassem efetivar seus planos de carreira.

Elis parecia mais preocupada em barrar a ascensão da Jovem Guarda e de rivais (Nara entre eles) do que comprar briga com os militares. O mesmo podia se dizer de Simonal, que tempos depois seria acusado, por parte da esquerda, de colaborar com o regime.

Quem estava decidido a lutar nas duas frentes – contra a invasão da música estrangeira e contra os militares – era Geraldo Vandré, o inflamado autor de "Pra não dizer que não falei das flores", a mais representativa das canções de protesto contra a ditadura. Nos shows, em mesas de bar e nos debates, ele atacava alguns artistas pela falta de comprometimento político e pelo distanciamento das raízes brasileiras.

Nos planos de Vandré, o seu programa da Frente Única serviria para propagar esse descontentamento com os rumos da música brasileira e do país. E ele esperava que o de Gil fosse ter o mesmo comprometimento. Os dois mantinham uma relação próxima. O baiano havia participado da Marcha Contra a Guitarra Elétrica e era parceiro em duas composições, "Pra que mentir" e "Rancho da Rosa Encarnada" (também assinada por Torquato Neto).

Gil, porém, vinha se distanciando do discurso polarizado de Vandré e estava com a atenção voltada para novas influências musicais. A viagem a Pernambuco, em maio de 1967, resultou numa epifania: de onde vinha a obrigatoriedade de manter Beatles, Jimi Hendrix, Vicente Celestino, bossa nova, samba-canção e Banda de Pífanos de Caruaru separados uns dos outros em estilos compartimentados que não dialogavam entre si nem se harmonizavam?

O baiano voltou defendendo o rompimento das barreiras estéticas e a mistura nas maneiras de compor. Mas a mudança mental não impediu a participação de Gil em reuniões e atos comandados por Vandré – e que desse algumas entrevistas em sintonia com o pensamento do líder da ala nacionalista da música brasileira. Essa contradição foi deixada de lado durante os ensaios para a sua vez de liderar a Frente Única, que iria ao ar no dia 24 de julho de 1967.

Nas rodas de conversa sobre esse quarto programa, com a presença também de Caetano, Bethânia e do empresário deles, Guilherme Araújo, além de Nara e Torquato Neto, uma ideia começou a ganhar força: a de subverter o plano original de Vandré e Elis, transformando-o numa grande homenagem à Jovem Guarda. Seria uma ótima oportunidade para Gil virar o jogo e limpar a barra após a participação na Marcha Contra a Guitarra Elétrica.

O roteiro, escrito por Caetano e Torquato, não podia ser mais provocador. Bethânia subiria ao palco no estilo Wanderléa, de minissaia e botinhas – e empunhando uma guitarra. Ela seria acompanhada por um conjunto de iê-iê-iê e cantaria uma canção de Roberto ("Querem acabar comigo"), que, aliás, também participaria do programa. Tudo correu bem durante os ensaios – até o roteiro cair nas mãos de Geraldo Vandré.

O cantor paraibano reagiu violentamente. Saiu da TV Record diretamente para o Hotel Danúbio, onde Gil estava hospedado. Ao esmurrar a porta do quarto do parceiro, chorando de raiva, Vandré deu de cara com Caetano, que reagiu à altura. Gil, constrangido, tentou dialogar, mas foi chamado de traidor.

A reação de Vandré dividiu a turma de amigos. Nara e Torquato achavam que, depois desse faniquito, o roteiro do programa fazia ainda mais sentido. Mas, diante da reação de Gil, que sentiu o baque, Caetano achou melhor derrubá-lo – aquilo levado ao ar só valeria a pena se eles pudessem mesmo virar o jogo. Roberto Carlos, apavorado, nem esperou para ver o resultado do embate – mandou um recado cancelando a participação.

Para Nara, parecia briga de colégio, uma turma querendo se sobressair à outra. Achava curioso ver Gil sofrendo por causa dos chiliques de Vandré. Os artistas devem fazer música com base em escolha pessoal, e não na de outros – independência defendida em suas entrevistas:

Gosto de tudo que é música. É raro não gostar desta ou daquela. Sou fã de quase todo mundo, desde Caymmi a Villa-Lobos, com passagem obrigatória por Chico Buarque, de composições tão lindas. É claro que não vejo no iê-iê-iê nenhuma contribuição para a cultura universal. Mas gosto. E, para mim, gostar é quanto basta.

Nara se sentiu plenamente afinada com Caetano, Torquato e Gil por reconhecerem na Jovem Guarda uma sintonia efetiva com a cultura de massas – algo inexistente nas canções dos artistas que se nomeavam "populares". Estes, na prática, mostravam-se resistentes ao que estava acontecendo na indústria musical, com a consolidação do rock-and-roll como um fenômeno de entretenimento da juventude.

E havia outro aspecto que unia Nara ao trio de compositores: a certeza sobre a necessidade de ir muito além da polarização dominante nos debates da época. Os quatro ficaram igualmente impressionados com as mensagens políticas e estéticas de *Terra em transe*, o polêmico filme de Glauber Rocha que ridiculariza a demagogia populista praticada tanto pela esquerda quanto pela direita.

A turma politizada do CPC havia encantado Nara num primeiro momento e fora importante para ela no processo de afastamento do formato original e elitista da bossa nova. Depois passara a achar o discurso de parte da esquerda limitado, pretensioso – e muitas vezes desprovido de legitimidade. Daí a identificação com a obra mais recente de Glauber, que discute essas questões em profundidade, sem o reducionismo da militância política.

Na mesma linha de pensamento e ação, começava a nascer o tropicalismo, movido pela busca de novos rumos para a MPB. O sincretismo musical defendido por Gil, mais o pensamento e a liderança de Caetano e o radicalismo e a inquietude de Torquato se juntariam à energia criativa de artistas como Tom Zé, Gal Costa, José Carlos Capinan e os Mutantes de Rita Lee e dos irmãos Arnaldo e Sérgio Baptista.

Nara não se integrou ao movimento – apenas o endossou, mas também discutiu concepções e deu palpites nas agitadas reuniões informais do grupo. Foi dela a sugestão para que Caetano compusesse uma canção inspirada no enigmático quadro *A bela Lindoneia*

(1966), também conhecido como *Gioconda do subúrbio*, pintado pelo artista carioca Rubens Gerchman.

A obra, uma serigrafia repleta de referências, fazia alusão a uma adolescente leitora de fotonovelas que morrera sem encontrar um amor. Gerchman era conhecido por recorrer a metáforas em seus trabalhos, e muitos – inclusive Nara – interpretaram esse quadro como uma denúncia sobre o desaparecimento, em número crescente, de jovens militantes assassinados pela ditadura.

Caetano e Gil entenderam o recado e criaram uma das canções mais emblemáticas do disco-manifesto do tropicalismo, "Lindoneia":

> [...] *No avesso do espelho*
> *Mas desaparecida*
> *Ela aparece na fotografia*
> *Do outro lado da vida*

A cantora aceitou o convite do empresário Guilherme Araújo para interpretar o bolero "Lindoneia" nesse álbum, intitulado *Tropicália ou Panis et Circenses*. Na capa do disco histórico, enquanto o maestro Rogério Duprat segura um penico, Caetano apoia uma moldura nas pernas onde se vê um enorme retrato de Nara. Para o compositor baiano, ela teve importância fundamental na gestação do tropicalismo, contribuição bem maior do que o carinhoso endosso ao movimento:

> [...] *A ideia de incluir Nara no disco coletivo me pareceu certa não só porque ela havia feito essa ponte entre nós e a pintura de Gerchman, mas também por significar uma espécie de realização do sonho inicial de Gil de que o movimento fosse de toda a geração de músicos: Nara representava a bossa nova em sua origem e liderava a virada para a música participante – era, portanto, a música brasileira moderna em pessoa.*

Em contrapartida, ela se apropriou de algumas ideias e sobretudo dos talentos que gravitaram em torno do movimento. *Nara*, lançado quase simultaneamente ao álbum do coletivo, não se apresentou como tropicalista, mas estava próximo de ser. O produtor era o mesmo, o arranjador e maestro Rogério Duprat. Caetano assinava três canções, a de abertura, "Lindoneia" (com Gil), e duas parcerias com Torquato, "Mamãe Coragem" e "Deus vos salve esta casa santa".

Uma das características do movimento liderado pelos baianos era a mistura de gêneros e estilos, o que Nara já vinha fazendo nos trabalhos anteriores. O novo disco quebrava as barreiras entre o erudito e o popular: Ernesto Nazareth e Lamartine Babo, Villa-Lobos e Custódio Mesquita estavam lado a lado. Nara nascera tropicalista antes de o termo existir.

O envolvimento com tanta gente subversiva desde a renúncia à condição de musa da bossa nova, numa época em que até ídolos da canção romântica sofriam perseguição e censura, fez a ficha de Nara nos órgãos repressores da ditadura dobrar de tamanho. O alerta foi ligado.

Depois do Golpe de 1964, ela se relacionara com uma legião de conspiradores, políticos e artistas, começando com a adesão aos "comunas" do CPC e do *Opinião* até chegar ao atrevimento de cantar música de protesto feita por preto de favela. Agora, como se não bastasse, ela estava metida com "hippies vagabundos" e com palavras de ordem do tipo "seja marginal, seja herói" – frase de Hélio Oiticica, autor da instalação *Tropicália*, que deu origem ao nome do movimento.

Havia chegado a hora de calar – para sempre, se possível – aquela branquela folgada.

CAPÍTULO 11

BARRA 69

Caetano e Gil foram presos sem acusação formal no fim de 1968, duas semanas após o Ato Institucional nº 5 entrar em vigor. Entre outras, havia a denúncia de que fizeram provocações ao regime em shows ao lado dos Mutantes na boate Sucata, no Rio. Alguém da plateia teria contado aos militares que os artistas afrontaram o Hino Nacional interpretando-o de "forma profana". O informante, supostamente, dedurou também que na parede atrás do palco estava hasteado, entre cartazes pop, o poema-estandarte de Hélio Oiticica contendo a foto do corpo estendido no chão do bandido Cara de Cavalo e a inscrição exaltando a marginalidade – seria um protesto contra os assassinatos cometidos pelos esquadrões da morte e tolerados pela ditadura.

Transportados para o Rio de Janeiro, Caetano e Gil só foram soltos dois meses depois, mas sob a condição de ficarem confinados na Bahia. Ao chegarem a Salvador, foram levados a novo interrogatório e depois submetidos à prisão domiciliar, além de não poderem fazer shows e dar entrevistas. No fim, os baianos decidiram que a melhor solução seria o exílio. Antes de embarcarem para Londres, em julho de 1969, os dois, acompanhados do empresário Guilherme Araújo, foram à casa de Nara e Cacá, no Jardim Botânico.

Na noite de despedida, Gil cantou um novo samba que compusera durante o voo do Rio para a Bahia, após deixar a prisão na unidade do Exército situada no bairro do Realengo. A letra exalta a beleza da cidade e alguns dos seus símbolos, mas a expressão "aquele abraço", título e refrão da música, tinha significado ambíguo: podia ser interpretada como gesto de carinho, mas também como uma ironia manifestada por quem havia sofrido terríveis torturas psicológicas sem perder a resiliência que a Bahia lhe ensinou.

Nara chorou ao ouvir o samba de Gil. O amigo compositor estava ali para se despedir e também para alertá-la que poderia ser presa a qualquer momento. O nome dela fora citado várias vezes durante os interrogatórios no Realengo. Pelo que os soldados comentavam em tom desafiador, quando isso acontecesse logo se saberia até onde chegava a valentia da cantora que deu entrevista pedindo a extinção das Forças Armadas.

O recado de Gil não a surpreendeu. Cacá Diegues também ouvira provocação parecida de seus interrogadores. Assim como a maioria dos colegas egressos do Cinema Novo, ele era alvo da repressão. E teve que depor em três IPMs (Inquéritos Policiais Militares) por promover "atividades subversivas", ou seja, por resistir intelectualmente à ditadura. Seus algozes advertiram: que tratasse de manter a esposa quieta cuidando da casa, porque a paciência das autoridades havia chegado ao fim.

A ficha de Nara no Dops engordara desde a participação no *Show Opinião*, em fins de 1964. Documentos internos que se tornaram públicos em 1992 revelam uma preocupação dos investigadores com a capacidade de liderança da cantora, apresentada num dos relatórios como "fundadora da entidade Comando de Trabalhadores Intelectuais, entidade essa criada nos moldes das demais entidades de esquerda".

Na pasta dedicada a ela, há um recorte da bombástica entrevista ao *Diário de Notícias*, em 1966, com o seguinte comentário:

Nara Leão, nome idêntico, deu, no dia 21.05.1966, sua opinião sobre política no Diário de Notícias, *sob o título de "Esse Exército não vale nada", defendendo um civil no poder porque, segundo*

> ela, os militares podem, talvez, entender de canhão e metralhadora, mas de política não entendem nada. Acredita mesmo que deveriam extinguir o Exército porque "gasta-se muito dinheiro com ele quando na realidade o Brasil precisa mais de escolas, professoras, técnicos e hospitais".

Em outro tópico da entrevista, informa o agente, a cantora diz que "quem está mandando é que deveria ser cassado". "Desta forma", continua ele, "o seu presidente (naturalmente o civil) daria anistia aos cassados pela Revolução de 1964, e os atuais políticos seriam proibidos de exercer suas funções".

De acordo com o relatório, Nara "teceu outras considerações sobre o Exército e, mostrando-se pessimista em relação ao futuro do Brasil, aproveitou-se, inclusive, da frase atribuída ao senador Roberto (sic) Kennedy de que 'nos transformaremos num novo Vietnã, se a situação não melhorar'".

Entre as demais informações, uma chama atenção: o registro de um depoimento ao SNI (Serviço Nacional de Informações) concedido em 20 de abril de 1965 por uma pessoa identificada apenas como "Menescal". No seu testemunho, teria dito estar alarmado com certos programas musicais e letras de canções – especialmente as cantadas por Nara Leão –, que ele consideraria altamente subversivas.

Segundo o registro, o depoente teria se queixado de sofrer "campanha da parte de artistas e autores subversivos, visto mostrar-se contrário a esse estado de coisas".

Não há dúvida de que a pessoa citada no documento era Roberto Menescal, pois o músico admite ter comparecido ao prédio do Dops naquela data, mas nega as afirmações atribuídas a ele. Menescal não fazia parte da turma engajada, mas era próximo e amigo da grande maioria dos artistas perseguidos pelo regime, sobretudo de Nara. E desmente as denúncias e reclamações em seu nome que constam do relatório.

Menescal conta:

> Em abril de 1965, eu recebi uma ligação para comparecer a um prédio do centro do Rio para dar um depoimento. Não explicaram

muito bem do que se tratava, apenas me deram o endereço e nome de quem eu deveria procurar. Eu tinha acabado de receber um prêmio da Rádio Jornal do Brasil e achei que se tratava de uma entrevista para falar sobre essa premiação.

Fui levado até uma sala. Um cara começou a fazer algumas perguntas estranhas. Perguntou se eu conhecia o Vianninha. Eu disse que sim, apesar de não ser próximo. Também perguntou o que estava fazendo no Zicartola em tal data. Expliquei que estava lá para prestigiar o lançamento do disco Caymmi visita Tom, *lançado pelo Elenco do Aloysio [de Oliveira].*

Em certo momento, a ficha caiu e eu perguntei: "Onde eu estou?". E o cara: "Você está no Dops". Eles queriam que eu assinasse um texto, que mal consegui ler, com aquela linguagem de milico, chamando todo mundo de subversivo. Eles produziram um documento a partir do meu depoimento, mas me recusei a assinar qualquer coisa.

Essa informação do Dops, de que eu teria me queixado das letras subversivas, e que me sentia perseguido por parte dos artistas, inclusive por Nara, não tem pé nem cabeça.

Cacá não podia deixar o país porque precisava terminar as filmagens de Os herdeiros. Mas quando o longa-metragem ficou pronto, não conseguiu lançá-lo, e o filme nem chegou a entrar em cartaz. A censura o interditou imediatamente. O cineasta fez seguidas viagens a Brasília na tentativa de negociar a liberação, porém, a cada vez, era obrigado a escutar um sermão intimidatório formulado pelo ministro da Justiça, Gama e Silva.

O sinal mais claro de que a prisão de Nara era iminente fora dado por Chico Buarque, em janeiro de 1969, dias antes de partir para o exílio na Europa. O compositor avisara também que, se ela fosse presa, sofreria violências físicas, correndo risco de morte. Há tempos, Chico deixara de ser o bom moço de "A banda" para virar um dos mais ferrenhos críticos do regime. E decidira sair do país depois de passar por um interrogatório ameaçador. Contou a Nara ter ouvido detalhes do que os torturadores fariam com ela se continuasse a provocá-los. Um deles disse, sem rodeios, que esperava ansiosamente pelo dia em que pudesse "enfiar um ferro quente em sua vagina".

Assim que foi liberado, Chico ligou para Cacá e marcou encontro numa esquina de Copacabana. Descreveu os horrores ditos por militares e o que pretendiam com Nara. Ela apressou as gravações do novo disco, *Coisas do mundo*, e pediu que Cacá priorizasse a saída deles do Brasil – e que deixasse clara essa decisão para Gama e Silva na próxima reunião com o ministro em Brasília.

Mesmo aterrorizada com o relato do compositor, Nara manteve as músicas selecionadas para o novo trabalho – embora algumas delas pudessem ser consideradas "subversivas". Boa parte dos paranoicos censores enxergava conspiração em tudo, mas muitas vezes, por ignorância ou burrice, deixavam passar canções que, por meio de metáforas e mensagens subliminares, se referiam à falta de liberdade e às perseguições políticas – o próprio Chico abusou desse tipo de recurso.

Mas Nara não pareceu preocupada com a censura ao gravar *Coisas do mundo*. Continuou afinada com o mesmo gosto pessoal despertado após abandonar o título de musa da bossa nova. Agora dava preferência a retratar a vida na perspectiva não da Zona Sul, e sim do povo simples e comum, com suas tristezas e alegrias do dia a dia. O tema está presente logo na primeira faixa, "Coisas do mundo, minha nega", samba de Paulinho da Viola que deu mote ao título do disco. Outras canções abordam o assunto de pontos de vista regionais, como o arranjo estilizado do xote "Pisa na Fulô", de João do Vale, e o frevo baiano "Atrás do trio elétrico", de Caetano.

A esperança de dias melhores apontando para a volta à democracia é cantada em "Tambores da paz", de Sidney Miller, que abre com um longo rufar de marcha: [...] São os tambores da paz/ Que vêm rufando de alegria/ Cores, bandeiras ao vento me acenando/ Quem diria?/ E eu que pensava tão triste momento presente".

Outras faixas são menos sutis. É o caso de "La Colombe", do cantor e compositor belga Jacques Brel, adaptado por Nara: "Como viver num novo dia/ Se os amigos não voltaram/ Onde encontrar alegria/ Que fazer desse amanhã". E também de outra versão composta por Nara, "Little Boxes", de autoria de Peter Seeger.

A letra de Seeger zomba dos padrões de vida dos americanos, o que funcionava como uma crítica aos anseios da classe média brasileira, então iludida pelo "milagre econômico" trombeteado pelo regime militar. Quatro anos antes do "Ouro de tolo" de Raul Seixas, Nara Leão cantava com o mesmo sarcasmo:

> As pessoas dessas casas vão todas pra universidade
> Onde entram em caixinhas quadradinhas iguaizinhas
> Saem doutores, advogados, banqueiros de bons negócios
> Todos eles feitos de tic tac, todos, todos iguaizinhos.

Cacá contou com a ajuda de amigos italianos, entre eles os diretores Bernardo Bertolucci e Gianni Amico, para inscrever *Os herdeiros* no Festival de Cinema de Veneza e, assim, facilitar a saída do Brasil. O cineasta brasileiro comunicou a Gama e Silva o recebimento do convite para participar do prestigiado festival italiano e a sua disposição de deixar o país com Nara.

O ministro da Justiça, que se esforçara para entender o filme – e não conseguira – imaginou que também os italianos dificilmente compreenderiam aquela história, apresentada como uma reflexão cinematográfica sobre o protagonismo das elites brasileiras, desde a ascensão de Getúlio Vargas até a chegada dos militares ao poder, em 1964. Gama e Silva achou que o roteiro estava mais voltado para a figura de Getúlio do que a uma crítica à ditadura, não valendo a pena, portanto, impedi-lo de participar do festival europeu.

O casal embarcou para Veneza no fim de 1969 e permaneceu quatro meses na cidade italiana, até se mudar para Paris, local escolhido para viverem o exílio. Na capital francesa, Cacá e Nara foram recebidos calorosamente pela amiga e socióloga Violeta Arraes, irmã do ex-governador de Pernambuco, Miguel Arraes (preso e cassado pela ditadura), conhecida por ajudar os exilados brasileiros que chegavam à França.

Nara vibrou com a mudança. Longe dos jornalistas e dos executivos das gravadoras, distante dos problemas familiares e das implicações impostas pela ditadura – e sem o assédio dos fãs –, ela se sentiu livre pela primeira vez, anônima, desobrigada de buscar contatos profissionais. Só não conseguiu, como também desejava, levar uma vida absolutamente pacata.

O apartamento alugado na rue de la Clef, entre a Place Monge e o Jardin des Plantes, bem próximo à Universidade Sorbonne, vivia repleto de gente, a maioria amigos de Cacá e sem hora para ir. Além dessa agitação doméstica, Paris aos olhos de Nara parecia provinciana e conservadora, quando comparada ao Rio, onde ninguém implicava com o fato de ela andar de short pelas ruas.

De modo geral, ela conseguiu levar a tão esperada vida comum como dona de casa (o que logo a entediaria). Responsável por ir ao supermercado, pagar as contas, cuidar da limpeza da casa e das roupas do marido – que arrumara emprego numa televisão francesa –, também se descobriu uma ótima cozinheira.

Sua comida conquistou o paladar da intelectualidade francesa e principalmente de um escritor colombiano residente em Barcelona e que frequentava Paris. Gabriel García Márquez se encantou com *Os herdeiros* (exibido também no Festival de Barcelona) e com a esposa do diretor – numa das visitas, comeu três pratos da feijoada preparada por Nara. Anos depois, em entrevista, ela disse que Gabo era uma mistura de Jorge Amado com Glauber Rocha e Dorival Caymmi: "Parece um baiano com cabelo enroladinho, moreno, pequenininho. É maravilhoso, engraçado, passa o tempo todo inventando histórias".

Nara demorou alguns meses para transformar o segundo quarto do apartamento em Paris, reservado para hóspedes, num pequeno estúdio de música. E isso só aconteceu depois de começar a ter saudade do Brasil. Quando se encontrou sozinha nesse cômodo, o violão a tiracolo, sentiu vontade de tocar apenas bossa nova, mais especificamente as canções da primeira fase do gênero.

A volta ao lirismo de "o amor, o sorriso e a flor" coincidia com um momento especial e também muito aguardado: a primeira gravidez, que avivou o desejo, já explícito antes da partida para o exílio, de abandonar a carreira de cantora e se dedicar a outro tipo de vida. Mas, dessa vez, uma vontade se misturou à outra, como Nara contaria em entrevista ao *Pasquim*, em maio de 1971:

> *Eu estava detestando música, o dia todo aquela batida, realmente não tinha o menor prazer, não escutava disco nem nada. Voltei a me sentir com 16 anos, tocando violão em casa, foi muito divertido. [...] Ficava de oito da noite até o meio-dia tocando, sem dormir. Enquanto isso, Isabel ficava dando pontapé na minha barriga.*

Do Brasil, ainda sem saber das novas imersões musicais de Nara em Paris, André Midani lhe escreveu uma longa carta, pedindo que não deixasse de gravar discos, algo que fizera sempre com grande prazer e excelência – e isso não a obrigaria a aceitar uma agenda de shows e entrevistas. Em Paris, avisou o produtor, o estúdio da gravadora Polydor estaria pronto para ela gravar o que bem entendesse.

Para surpresa de Midani, além de topar a proposta, respondeu que se dispunha a gravar uma antologia da bossa nova. Seria um LP duplo, com 24 músicas, e que já tinha título e repertório prontos na cabeça – se chamaria *Dez anos depois*, só com clássicos que nunca deixara de cantar e amar. Um disco quase inteiramente dedicado às parcerias de Tom Jobim com Vinicius de Moraes, Carlinhos Lyra, Newton Mendonça, Aloysio de Oliveira, Dolores Duran e Chico Buarque.

Nara gostou de saber que o disco seria produzido no Brasil pelo velho amigo Roberto Menescal, de quem havia se distanciado após o rompimento com Bôscoli. Aliás, Midani, empolgadíssimo com o conceito do álbum, tratou de chamar os melhores músicos, bossa-novistas ou não. Luizinho Eça dividiu os arranjos com o maestro tropicalista Rogério Duprat.

No estúdio da Polydor, Nara gravou outra obra-prima, justamente o disco sonhado por Aloysio de Oliveira para sair com o selo da Elenco – plano frustrado na época pela decisão da cantora de responder às circunstâncias políticas com o samba de Cartola, Zé Kéti e Nelson Cavaquinho.

Das 24 canções de *Dez anos depois*, apenas quatro não levavam a assinatura de Tom Jobim: duas parcerias de Vinicius e Carlinhos Lyra ("Você e eu" e "Minha namorada"), uma das mais marcantes composições de Johnny Alf ("Rapaz de bem") e a magistral "Vou por aí", de Baden Powell e Aloysio de Oliveira. Nara havia imposto uma rigorosa linha de corte para a antologia bossa-novista: cada canção que não fosse de autoria de Tom Jobim, para ser incluída, deveria, obrigatoriamente, estar à altura das criações dele.

Nara tornou-se mãe de Isabel no começo da tarde do dia 28 de setembro de 1970. Cacá não se conteve ao ser entrevistado pelo correspondente de uma revista brasileira na clínica Château Belvedere, em Boulogne-sur-Seine: "Nenhum *take* de Godard valeu o que vi. É a coisa mais bonita do mundo", disse o diretor.

O casal se surpreendeu também com as prescrições do pediatra francês. Nara não deveria, em hipótese alguma, amamentar Isabel durante a noite. Se o bebê chorasse de fome nesse período, que a mãe e o pai tomassem calmante e tratassem de dormir. Ela fez ao contrário e, insone, amamentava a filha pelo menos três vezes por noite.

Os franceses eram uns neuróticos. Estava na hora de voltar ao Brasil.

No início de abril de 1971, Nara e Cacá desembarcaram no Galeão, no Rio de Janeiro. Estavam apreensivos, com receio de serem interrogados ou até presos por agentes do Dops – o país vivia o auge da repressão política, com o aumento do número de casos de tortura e assassinato de militantes de grupos oposicionistas. Porém, apenas alguns jornalistas apareceram no aeroporto para ouvi-la. "Francamente, achei que aqui no Brasil Nara Leão já era", comentaria anos depois.

Jornalistas, fãs, produtores, músicos e amigos da cantora conheciam de cor aquele discurso, de que Nara, por estar cansada, daria uma longa parada e se dedicaria a projetos pessoais etc. etc. etc. Com a exceção de breves períodos de isolamento, ela ainda não conseguira se desprender totalmente da carreira. A antologia da bossa nova gravada em Paris, com lançamento previsto para breve no Brasil, era uma prova de que a música, no fim, sempre vencia.

Dessa vez, com uma filha de seis meses para cuidar e resolvida a engravidar novamente, tudo indicava que Nara conseguiria, pela primeira vez, um tempo para se dedicar à vida de mãe e de dona de casa. Pouco importava se as amigas feministas a achassem antiquada – para ela, nada podia ser mais *démodé* do que a obrigação de seguir qualquer tipo de modismo: "Esse negócio de *prafrentex*, na verdade, não me interessa. Sabe, ser pra frente, para mim, é ser pra trás".

Os amigos do *Pasquim* – Millôr Fernandes, Sérgio Cabral, Flávio Rangel, Miguel Paiva e Ziraldo – foram à casa da cantora saber se ela tinha mesmo encaretado de vez ou se tudo aquilo não passava de fofoca de revista. Não acreditaram no que ouviram:

> *Como sou mulher da antiga, que vai aonde o marido vai, também vim. Sou amadora. Só canto de vez em quando. Aliás, nem canto. Voltei amadoramente. [...] Com essa filha que eu tive, pode parecer muito boboca, mas estou apaixonada por ela. Não quero nada que me distraia dela, quero ficar olhando para a cara dela o tempo todo.*

Esperando o segundo filho, Nara curtiu a gestação até o sexto mês. Durante uma madrugada, a placenta se descolou do útero prematuramente. O médico explicou que o mais recomendável para preservar a vida da mãe seria o aborto, mas ela se negou a fazê-lo e prometeu que passaria os meses seguintes imóvel na cama até a hora do parto.

Foram praticamente três meses sem mexer os músculos para que não houvesse risco à vida dela e do bebê. Na manhã de 17 janeiro de 1972, a dois dias de completar 30 anos, Nara deu à luz Francisco no Hospital Silvestre, no Cosme Velho.

Os noventa dias do mais absoluto ócio foram demais para ela. Contrariando mais uma vez as vontades e previsões, deixou a cama a mil por hora. Estava animada para cumprir a dura – porém bastante prazerosa – jornada de mãe de duas crianças pequenas, mas como dizer não aos amigos? Era o que Nara ainda não tinha aprendido.

Não havia mesmo jeito de negar o pedido de Cartola, Zé Kéti, Ciro Monteiro e Martinho da Vila para cantar numa roda de samba em Botafogo. E qual seria a maneira de dizer não ao marido, que precisava dela atuando no musical *Quando o Carnaval chegar*? Nem adiantou recorrer à desculpa da timidez e da falta de experiência como atriz – até Chico Buarque tinha topado participar, além de Maria Bethânia.

Aliás, Chico também requisitou Nara: seria para substituí-lo no palco da boate Flag, em Copacabana, satisfazendo a vontade de outro pidão, o jornalista Tarso Castro – este sonhava em dirigi-la havia mais de um ano.

O show na acanhada casa noturna foi um tremendo sucesso, e não poderia deixar de ser. Nara estava cantando ainda melhor e, como sempre, escolhera canções belas e sofisticadas, cercando-se dos músicos mais qualificados da praça: Dom Salvador e o Trio Abolição, Paulo Moura e Copinha.

Tarso e o humorista Millôr Fernandes, que se odiavam desde o começo do *Pasquim*, alimentavam a mesma desconfiança: desde o casamento com Cacá, Nara andava muito caseira, e os indícios apontavam que a culpa só podia ser do marido. Millôr chegou a escrever uma carta para o cineasta pedindo que deixasse de ser tão controlador. Tarso seguiu os próprios padrões e foi menos sutil: bateu à porta do apartamento do casal com um buquê de flores e sugeriu que Nara abraçasse a liberdade e fugisse com ele.

Cacá riu com a carta desaforada de Millôr e não deu confiança para Tarso. Os mais chegados ao casal sabiam que o marido jamais tentaria interferir na carreira profissional de Nara. Pelo contrário: ele a estimulava a aceitar os desafios profissionais e equilibrá-los com a rotina de mãe.

E Nara nem deveria pensar na recusa ao convite do produtor Solano Ribeiro para que presidisse o júri do VII Festival Internacional da Canção Popular, promovido pela TV Globo. O evento entraria para a história porque possibilitava a estreia em festivais, em pleno AI-5, de três transgressores da música popular brasileira: Raul Seixas, Sérgio Sampaio e Walter Franco. Aquilo cheirava à encrenca. E quem disse que Nara não gostava de uma?

CAPÍTULO 12

PORCOS, CABEÇAS E O DIABO

A confirmação da sétima edição do Festival Internacional da Canção (FIC) para setembro de 1972 acendeu um alerta no Departamento de Censura Federal, no centro do Rio. Diferentemente das outras atrações escolhidas para inaugurar a transmissão em cores da TV Globo, que incluía um filme sobre a vida de Jesus Cristo e um documentário mostrando as belezas naturais do Brasil, os festivais de música popular brasileira quase sempre se transformavam em atos de protestos contra o regime militar.

A barra continuava pesada. Alguns artistas, como Caetano Veloso, Chico Buarque e Carlinhos Lyra, tinham retornado do exílio e se deparado com muita repressão à classe – discos eram retirados das lojas e músicas retalhadas pela censura. Na edição anterior do FIC, em setembro de 1971, a ditadura chegara ao ponto de determinar que todos os inscritos no festival fossem fichados na sede da Polícia Federal, em Brasília, para "um maior controle dos participantes".

Dessa vez a situação beirou ao ridículo, quando o governo ordenou que técnicos de carreira do Ministério da Justiça ouvissem e analisassem as canções. Tinham de executar a tarefa antes de ser divulgada a lista das que disputariam as eliminatórias. Parte dos artistas reagiu. Doze músicos inscritos como compositores assinaram uma carta para a direção do FIC anunciando que não participariam mais da competição.

Entre os que boicotaram estavam Chico Buarque, Paulinho da Viola, Edu Lobo, Tom Jobim, Vinicius de Moraes e Egberto Gismonti, e a saída deles enfraqueceu o festival. Previu-se, então, que aquela seria a mais pobre edição do FIC – e a menos surpreendente artisticamente. Isso com certeza se refletiria nos índices de audiência da emissora.

Superintendente de produção e programação da Rede Globo, José Bonifácio de Oliveira Sobrinho, o Boni, tentou uma última cartada para salvar o FIC, recorrendo ao sujeito que mais entendia do assunto, responsável pelo sucesso dos festivais da Excelsior e da Record: o produtor Solano Ribeiro.

Exausto emocionalmente após essas seguidas produções sob a sombra da censura, Solano embarcara no começo da década de 1970 para um autoexílio na Europa, decidido a não voltar tão cedo. Fixou-se primeiro em Munique, na Alemanha, e depois em Londres para curtir de perto o efervescente cenário cultural da capital britânica e para estar perto dos amigos Caetano e Gil, ainda exilados.

Foi à casa de Gil que chegou um telegrama urgente para o produtor pedindo que encontrasse, em Paris, dois executivos da Globo: José Octávio de Castro, o "Charuto", responsável pela fase internacional do FIC, e João Araújo, presidente da gravadora Som Livre. Boni os enviou à Europa com a missão de convencer Solano a retornar ao Brasil imediatamente.

O produtor não ficou muito atraído pela proposta. Dirigir festivais de música no Brasil implicava se submeter aos caprichos dos militares. Curtindo o desbunde da Swinging London, ele não queria enfrentar de novo essa humilhação.

Dessa vez, argumentaram os dois executivos, não haveria ingerência do governo, que esperava arrecadar boa grana com o aumento da audiência de programas e transmissões de TV e, consequentemente, com a venda dos aparelhos em cores. Os militares pretendiam estabelecer uma reserva de mercado na América Latina para obter *royalties* do sistema e da venda de receptores de televisão.

Mesmo desconfiado da história contada por José Octávio e João Araújo, Solano acabou aceitando o convite. Caetano e Gil já tinham voltado para o Brasil, assim como outros amigos do exílio. O produtor, porém, exigiu carta branca para tocar o festival da maneira que bem entendesse, sem a interferência da direção da emissora e, se possível, sem ter de negociar com representantes da ditadura.

O mais importante seria convocar um bom corpo de jurados. Eles teriam a responsabilidade de escolher 30 das 1.912 canções inscritas no VII FIC – seleção que obedeceria a um critério imposto pelo produtor: o de resgatar a essência dos primeiros festivais, caracterizada pela revelação de ousados compositores.

Solano chegou ao Brasil e bateu à porta de cada um dos que pensou para o júri: o psicanalista Roberto Freire, o poeta e ensaísta Décio Pignatari, o maestro Julio Medaglia, o músico César Camargo Mariano, o produtor Guilherme Araújo, o radialista Big Boy, o pianista João Carlos Martins e os jornalistas Sérgio Cabral e Alberto de Carvalho.

Um time da pesada, heterogêneo, que certamente estabeleceria o filtro estético desejado pelo novo diretor. Nem todos os compositores tinham ânimo para passar pelo escrutínio dos burocratas do Ministério da Justiça, e os mais conhecidos não figuravam entre os inscritos. Isso ajudou Solano a cumprir a promessa de dar ao festival um caráter de novidade, mas, ao mesmo tempo, a falta de estrelas nas eliminatórias poderia comprometer a visibilidade do evento.

João Araújo e José Octávio sugeriram que se convidasse um medalhão da MPB para presidir o júri. Alguém que fosse popular e gozasse de prestígio entre a classe artística. José Octávio pensou em Elis Regina, que, de fato, tinha as credenciais para ser a "madrinha" do festival, mas não se alinhava com outra ambição de Solano: a de que o FIC adquirisse um tom político.

Ele não voltara ao Brasil para produzir um festival morno, muito menos para encher os cofres do governo. Se os militares estavam de olho nos *royalties* gerados pela venda de aparelhos de TV em cores, que engolissem a contrapartida: o VII FIC ia botar para quebrar. Só faltava Nara Leão aceitar o convite para presidir o júri.

Não existiria nome melhor. A cantora estava bastante identificada com o *Opinião*, um dos primeiros espetáculos a afrontar a ditadura. Nos últimos anos, tinha se metido em vários movimentos de resistência cultural e política. Onde entrasse, haveria fogo. E quando concedia entrevista revelando a vontade de ficar longe do turbilhão, Solano já previa que ela mudaria de ideia e voltaria ao olho do furacão.

Ao saber quem participaria do júri – figuras admiradas por ela – e a intenção de Solano de tornar o FIC um espaço político e aberto a novos compositores, sem concessões e preconceitos, Nara passou para Cacá as mamadeiras e as recomendações sobre cuidados com os filhos. E foi trabalhar no festival.

O tempo era curto para os jurados escolherem as trinta canções que disputariam as eliminatórias, marcadas para os dias 16 e 17 de setembro no ginásio do Maracanãzinho. Apenas um compositor conseguiu a proeza de emplacar duas canções entre as selecionadas, "Eu sou eu, Nicuri é o diabo" e "Let me sing, let me sing". Nara conhecia Raul Seixas desde 1970, ano em que o roqueiro chegou ao Rio com a recomendação do amigo Jerry Adriani para trabalhar como produtor na CBS.

Anos antes Jerry vivera um namoro-relâmpago com Nara – e, em seguida, com Maria Bethânia (as duas eram só elogios ao romantismo e à gentileza do astro da Jovem Guarda, cavalheirismo não muito comum entre os homens de esquerda). O cantor já tinha mostrado canções de Raul para amigos, inclusive Nara. Ela se impressionou com o que ouviu.

Raul durou pouco como funcionário da CBS. Quando o diretor Evandro Ribeiro viajou aos Estados Unidos, ele e mais três malucos aproveitaram para produzir um disco sem autorização da gravadora. Foram-se o emprego e o LP *Sociedade da Grã-Ordem Kavernista apresenta Sessão das 10*, tirado da prateleira duas semanas depois. Mas o álbum coletivo entrou para a história por revelar, além de Raul, outro grande compositor, o qual também emplacara uma canção nas eliminatórias ("Eu quero é botar o meu bloco na rua"): Sérgio Sampaio.

Solano e Nara, ambos sem direito a voto, gostaram do resultado do pente-fino feito pelos jurados. O festival mostraria muita coisa boa e nova – Raul Seixas, Sérgio Sampaio, Alceu Valença, Renato Teixeira, Raimundo Fagner, Walter Franco e os já conhecidos Baden Powell, Os Mutantes e Originais do Samba. Um provável grande sucesso para alavancar a audiência estava garantido: "Fio Maravilha", composto por Jorge Ben e interpretado por Maria Alcina.

O samba de Jorge enaltecia as virtudes técnicas de um jogador de futebol de um clube de massas e podia ser visto como o retrato de um Brasil feliz e em cores propagandeado pelo regime militar. Na aposta de Solano, a canção serviria como contraponto ao que vinha pela frente: Raul Seixas, Sérgio Sampaio, Walter Franco e companhia.

O experiente Solano não deveria ter acreditado na promessa que os dois executivos da Globo lhe fizeram em Londres. A história de que, por interesses econômicos, os militares atrapalhariam o menos possível o andamento do festival não passava de conversa pra boi dormir. E isso ele constataria logo na primeira reunião a que foi convocado na sede da Polícia Federal.

Os agentes foram claros: a ordem era reprimir qualquer atitude ou gesto que soasse como provocação aos militares e às famílias brasileiras. As cantoras deveriam evitar a exibição de decotes, roupas transparentes e cores de vestido que deixassem os seios mais "voluptuosos". Não seria conveniente também que as câmeras da emissora dessem closes nas pernas delas – recomendação passada a Augusto César Vanucci, diretor de transmissão presente à reunião.

Solano desejou estar em Londres. A cartilha de costumes imposta pela censura, ainda mais restritiva do que as anteriores, tinha um significado claro para a Globo: nenhuma ousadia seria permitida. Mas talvez já fosse tarde demais. Nos ensaios, Raul surgia no palco caracterizado como um diabo amarelo e Maria Alcina vinha de odalisca. Hermeto Pascoal, concorrendo com "Serearei", pretendia ser acompanhado pelos sons emitidos ao vivo por dois porcos e quatro galinhas. E Os Mutantes apareciam fantasiados de... Os Mutantes.

Durante as eliminatórias, o público mostrou preferência, já esperada, por "Fio Maravilha", enquanto boa parte dos jurados se surpreendeu positivamente com "Cabeça". A música experimental, um poema concreto e sonoro composto por Walter Franco que subvertia as bases da canção brasileira, causou estranheza na plateia careta do Maracanãzinho: foi vaiada do começo ao fim.

Assim que começaram as apresentações das catorze canções finalistas – entre elas, "Fio Maravilha" e "Cabeça" –, Solano foi chamado à sala de Walter Clark, diretor-geral da TV Globo. A conversa não durou mais de cinco minutos. Sem entrar em detalhes, Clark comunicou que os militares haviam pedido a destituição imediata de Nara Leão da presidência do júri. O motivo: as últimas entrevistas concedidas pela cantora, a maioria criticando abertamente o Exército brasileiro.

Solano saiu da sala de Walter Clark diretamente para outra, a de José Octávio de Castro, e comunicou ao diretor-geral do FIC que, se Nara fosse afastada, ele também sairia. No fim de longa conversa estendida pela madrugada, Solano recuou, e os dois decidiram que todo o júri, não somente Nara, seria substituído de imediato por jurados estrangeiros.

Nara ficou possessa com a decisão de Solano e José Octávio, para ela um imperdoável ato de subserviência aos militares e também de egoísmo – se não tinham como lutar pela permanência de cada um dos jurados, que todos saíssem do festival. O desapontamento aumentou quando soube que, durante a conversa com José Octavio, Solano havia sugerido que a cantora continuasse na presidência, mas sem aparecer na televisão nem dar entrevistas. Nara jamais aceitaria se esconder em troca da preservação de seu cargo.

Entre os jurados, a notícia do afastamento foi interpretada de outra forma. Para a maioria, era uma retaliação da Globo – e dos militares – à escolha de "Cabeça" como uma das duas músicas que representariam o Brasil ao lado das canções internacionais na fase final do festival. A outra música não era "Fio maravilha", e sim "Nó na cana", de Ari do Cavaco e César Augusto.

Como presidente, Nara convocou os jurados a assinarem a carta que ela redigiu no dia 30 de setembro de 1972 explicando a indicação, pelo júri, de "Cabeça" e "Nó na Cana" para a fase final. "Ao mesmo em tempo que divulgam esta decisão, os membros do júri manifestam sua estranheza ante a decisão do festival, destituindo-os sem qualquer explicação. Consideram ainda sua destituição um ato arbitrário e altamente suspeito", escreveu a cantora.

Os jurados internacionais talvez demorassem três anos para entender a tradução literal de "Cabeça", e nem tinham muito tempo para discutir os valores da poesia concreta brasileira. O melhor a fazer seria não provocar polêmica e escolher para a final, além de "Fio Maravilha", "Diálogo", de Baden Powel e Paulo César Pinheiro, interpretada por Tobias e Cláudia Regina.

Os jornais não publicaram o manifesto escrito por Nara e assinado pelo júri – a censura proibiu. Os jurados combinaram então que o psicanalista Roberto Freire, desconhecido do grande público e dos seguranças, entraria de surpresa no palco do Maracanãzinho para ler no microfone a carta demissionária.

Depois de invadir o palco e ler as primeiras palavras do manifesto, Freire foi agarrado por seguranças e levado para uma das salas do ginásio, onde foi espancado por agentes do Dops. Com costelas quebradas, o psicanalista passaria quinze dias no hospital. Enquanto isso, a galera agradecida cantava "Fio Maravilha" com Maria Alcina.

A ingerência dos censores, a destituição do júri, a omissão dos diretores do festival, a violência contra Roberto Freire e a imagem de Nara associada a um evento que, no fim, serviu como propaganda política do governo autoritário frustraram a cantora e, ao mesmo tempo, a encorajaram a voltar aos shows. Queria cantar para os estudantes, participar da turnê do projeto Circuito Universitário, longe das amarras impostas pelos festivais.

Chico Buarque aconselhou Nara a ficar atenta. Os milicos não estavam para brincadeira. E a seguiriam aonde fosse, cantando numa universidade de São Paulo ou num centro estudantil nos rincões do país. A vigilância havia aumentado, a pressão sobre os músicos também. Em abril de 1972, Elis Regina apareceu na tevê cantando o Hino Nacional na Olimpíada do Exército, o que enfureceu muitos artistas, dividindo a classe.

Parte admitia que Elis, ameaçada, não podia recusar o "convite" do Exército. Já Nara e outros músicos achavam que a cantora mais popular do país estava em condições de não aceitá-lo – e deveria ter resistido. Se o fizesse, seria uma forma de melhorar sua imagem entre muitos colegas, depois que atacou Nara abertamente pelas polêmicas declarações contra o Exército, na entrevista de 1966 ao *Diário de Notícias*.

Elis também sentiu o peso da ditadura, sobretudo após o recrudescimento do regime – chegou a ser chamada pelo Centro de Relações Públicas do Exército (CRPE) para prestar depoimento sobre as canções "subversivas" que estava interpretando, como "Black is beautiful", dos irmãos Marcos e Paulo Sérgio Valle, e "Upa, neguinho", de Edu Lobo e Gianfrancesco Guarnieri.

Em 1968, Elis afirmou a uma revista holandesa que o seu país "era governado por um bando de gorilas". Aos jornais brasileiros, porém, nunca se posicionou com a mesma contundência. Ao vê-la soltando a voz na Olimpíada do Exército, o cartunista Henfil tratou de promover o enterro simbólico da cantora no cemitério do Cabôco Mamadô, personagem que mandava para a cova os supostos colaboradores do regime militar.

Para Nara, Elis estava morta – e vice-versa. Fizera questão de não alimentar a rivalidade estimulada pela gaúcha até o episódio da Olimpíada do Exército, e então passara a desprezá-la abertamente. Foi nesse clima que as duas se encontraram numa grande reunião com o elenco da gravadora Phonogram/Philips, convocada pelo produtor Armando Pittigliani.

Ao assumir o cargo de diretor do departamento de serviços criativos da gravadora com o mais prestigiado elenco de artistas do país, Pittigliani resolveu criar um festival apenas com os seus contratados. Batizado de Phono 73, seria dividido em três apresentações, de 10 a 13 de maio, no Palácio de Convenções do Anhembi, em São Paulo.

A convocação do time da Phonogram/Philips significava apresentar no mesmo palco, além de Nara e Elis, Gilberto Gil, Caetano Veloso, Gal Costa, Chico Buarque, Maria Bethânia, Rita Lee, Jards Macalé, Luiz Melodia, Jorge Mautner, Os Mutantes, Erasmo

Carlos, Wilson Simonal, Toquinho, Vinicius de Moraes, Raul Seixas e Sérgio Sampaio. Era tanta gente boa junta, a maioria no auge criativo, muitos recém-chegados do exílio – e aí os militares anteviram o tamanho da encrenca.

Agentes do Dops foram enviados ao Anhembi com a ordem expressa de conter qualquer atitude que soasse como provocação à ditadura. A expectativa dos censores era saber se Chico e Gil, que haviam acabado de compor "Cálice", proibida pela censura (só seria liberada cinco anos depois), teriam a coragem de cantá-la em público – a canção, por meio de metáforas, expunha a repressão e a violência do governo autoritário.

Escaladas para dias diferentes, Nara e Elis não se encontraram. Uma das estrelas do segundo dia de festival – a outra foi Chico –, Elis, ainda sob os reflexos da apresentação na Olimpíada do Exército, levou a maior vaia da carreira ao cantar "Cabaré", de João Bosco e Aldir Blanc.

Em seguida, foi a vez de Chico e Gil, que haviam combinado interpretar "Cálice" como ato de desobediência civil. A canção estava proibida por causa da letra, e então os dois resolveram tocar a melodia acentuando apenas a expressão "cálice", que no contexto político soava com duplo sentido. Nem isso conseguiram.

Temendo uma represália dos militares, os produtores da Phonogram desligaram o primeiro dos cinco microfones do palco, destinado a Chico. Ao perceber o corte, o cantor pulou para o microfone ao lado, mas também já estava mudo. Repetiu o gesto até que o quinto aparelho fosse apagado. Enfurecido, gritou para que todos ouvissem: "Filhos da puta".

Nara apresentou-se no último dia de festival com um show morno e protocolar, cantando "Diz que fui por aí", de Zé Kéti, e "Quinze anos", de Naire e Paulinho Tapajós. Estava arrependida de ter aceitado o convite e triste pelo ocorrido com Chico e Gil. Repetia-se no Phono 73 o acontecido meses antes no VII FIC, quando os organizadores, amedrontados, trataram de boicotar os artistas escalados por eles.

Os fatos ocorridos nos dois festivais – a destituição de um júri, a violência contra Roberto Freire, Chico Buarque e Gilberto Gil, a omissão de Solano Ribeiro e de Armando Pittigliani – encorajaram Nara a tomar, enfim, a decisão adiada desde o começo da juventude por causa dos intermináveis compromissos profissionais. Dessa vez, não teria volta: estava disposta a largar tudo, absolutamente tudo, para estudar psicologia.

CAPÍTULO 13

A MOÇA DA LANCHEIRA

O interesse de Nara por psicologia surgiu ainda na adolescência e foi estimulado por um informal laboratório com dois dos sujeitos mais esquisitos do Rio de Janeiro, João Gilberto e Milton Ilha Rasa. Quando Nara os viu juntos pela primeira vez, durante um encontro musical em sua casa, quis saber de João quem era o amigo e por que os olhos dele estavam impressionantemente vermelhos.

Mas João estava mais interessado nas amigas de Nara do que em dar explicações sobre a coloração dos olhos do amigo. Foi justamente ali, no apartamento da avenida Atlântica, que ele começou a se engraçar com a futura mulher, Astrud Gilberto. Se a anfitriã quisesse saber mais quem era Milton Ilha Rasa, que perguntasse ao namorado, Ronaldo Bôscoli.

E Nara logo soube que o apelido do novo visitante tinha relação direta com os seus olhos afogueados. Milton era chamado assim em referência ao Farol da Ilha Rasa, localizado na entrada da baía da Guanabara, que emitia dois lampejos de luz branca e um de luz vermelha.

Os olhos de Milton Ilha Rasa também tinham essa particularidade e variavam do branco para o vermelho, e vice-versa, de acordo com a quantidade de maconha consumida durante o dia. Porém, quando Milton se juntava a João, outro fumante inveterado, os lampejos de luz branca praticamente desapareciam.

Era comum acontecer com fãs e amigos de João: Nara se deixou escravizar por ele. Atendia telefonemas de madrugada, passava roupas para o cantor, pagava suas contas atrasadas ou o levava ao dentista. Mas não foi por muito tempo. A decisão de largar o papel de babá, porém, não diminuiu em nada a admiração da cantora pelo inventor da bossa nova.

Nara dedicava a João, ao professor Patrício Teixeira, a Tom, a Vinicius e a outros mestres o novo disco, *Meu primeiro amor*, lançado em outubro de 1975. Assim como o álbum duplo com repertório de bossa nova, gravado em Paris, este novo trabalho simbolizou as pazes da cantora com o gênero – e consigo mesma – e também fechava um ciclo, como ela explica no encarte:

> [...] *Agora continuo meu caminho de volta e de reencontro. Meu primeiro amor é o pai e a mãe da gente; depois, o primeiro amor de adolescente; até o novo primeiro amor, o dos meus filhos, e o amor deles pela mãe, que também é o primeiro. E assim o círculo se fecha. São estas as músicas que canto para Francisco e Isabel dormirem. Depois de ter esgotado o meu repertório cantando tudo que sabia, fui buscar na minha memória esse novo velho.*

As canções de ninar da mãe Nara Leão seriam capazes de aquietar até a mais irascível das crianças: "Canta, Maria", de Ary Barroso, "O menino de Braçanã", de Luiz Vieira e Arnaldo Passos, "Casinha pequenina", de Capiba, "A saudade mata a gente", de João de Barro e Antônio Almeida, "Cabecinha no ombro", de Paulo Borges, e outras que saíram do quarto de Francisco e Isabel direto para o estúdio da Philips.

No entanto, ela deixou claro: como se tratava de um LP sem nenhum apelo comercial – na época, eram raras as gravações exclusivas para crianças –, não haveria show, reuniões com os divulgadores, nem nada. Que os amigos, empresários e produtores não insistissem – dessa vez não cederia.

O recado também foi dado aos jornalistas: "Uma hora eu sou a musa da bossa nova, outra a cantora de protesto, e ainda tem essa coisa ridícula do joelho. Então me recuso a virar um sabonete e vou dar uma parada", declarou à revista *Rock*, numa das raras entrevistas concedidas após o lançamento do disco.

Poucas pessoas souberam da sua intenção de estudar psicologia, já transformada em obsessão. Agora não seria um curso temporário, como o que ela havia feito em Paris durante o exílio, mas uma imersão para valer e de preferência numa das melhores faculdades do Rio.

Não desejava mudar de profissão nem seguir uma carreira acadêmica ou passar a escrever sobre o assunto. Queria, sim, entender com mais profundidade como funcionava a cabeça de certas pessoas – a do pai Jairo Leão, a dos amigos João Gilberto e Milton Ilha Rasa e a dela própria.

A cantora não quis continuar prisioneira dos caprichos de João Gilberto, mas manteve uma relação próxima com Milton Ilha Rasa. Os problemas com bebidas alcoólicas e outras drogas levaram a família a interná-lo na Casa de Saúde Doutor Eiras, o manicômio na Baixada Fluminense paradoxalmente conhecido como "máquina de fazer loucos".

Preocupada com o estado mental do amigo, Nara o visitava na casa de saúde quase toda semana. Nesses encontros, deparou-se com os horrores desse hospital psiquiátrico e, impressionada, mergulhou ainda mais nas leituras sobre o tema. Tinha especial interesse pela extensa obra de Freud, que possuía completa, em francês, comprada em Paris.

Estimulada pelo pai, abandonou a escola com apenas 15 anos e, para ter o direito de ingressar num curso superior, Nara teve que recorrer ao exame de Madureza, espécie de supletivo da época. Em apenas um ano, completou o colegial e se inscreveu para o vestibular de psicologia na PUC – foi tão bem nas provas que passou entre os primeiros.

Bem mais velha do que a maioria dos colegas de classe, Nara passou as semanas iniciais de curso sem ser reconhecida – exceto por alguns professores. O anonimato a estimulou ainda mais. Não se sentia tão livre e feliz desde o exílio em Paris, onde podia caminhar nas ruas sem que ninguém a abordasse.

Os estudantes que pareciam reconhecê-la de algum lugar ficavam na dúvida. Nara aparentava ter bem menos que 33 anos – o corpo mignon, o lenço na cabeça, a franjinha e o jeito simples de se vestir a deixavam com "cara de 25". E se aquela era mesmo a estrela da bossa nova, por que chegava à faculdade, no bairro da Gávea, de ônibus e carregando uma lancheira?

E onde se viu artista que não bebe cerveja? Abstêmia, Nara pedia suco de laranja no Bar das Freiras, o pequeno bar-restaurante em frente à PUC. Enquanto os colegas bebiam e comiam os quitutes preparados pelas madres – donas do estabelecimento –, ela se comportava como se estivesse num convento, quieta em seu canto, comendo frutas, arroz integral e ovo cozido trazidos na lancheira.

Nos dois primeiros anos de PUC, dedicou-se integralmente aos estudos, abrindo pequenas exceções para os amigos mais chegados. Em 1977, Chico Buarque a chamou – e ela aceitou na hora – para a gravação do disco *Os Saltimbancos*, fábula infantil traduzida e adaptada do italiano *I Musicanti*, de Luiz Enriquez e Sergio Bardotti.

A volta ao estúdio coincidiu com uma nova fase de vida. Nara havia decidido dar fim ao casamento com Cacá Diegues. Na autobiografia *Vida de cinema*, publicada em 2014, o cineasta reconheceu a dificuldade que tinha para entender os intermináveis dilemas existenciais da esposa:

> *Levamos mais de três anos discutindo discretamente a relação em crise. Depois desse longo tempo, Nara foi a primeira a verbalizar, propor e decidir a separação, que aceitei por inevitável. Sempre me senti culpado pelo desfecho, acho que nunca fui o parceiro que ela esperava que eu fosse, nunca consegui entender direito quais eram seus anseios. Entre esses anseios, não se encontrava certamente o de ser uma estrela popular, reconhecida, consagrada, bajulada. Nem o de ser apenas família dedicada ao lar, como às vezes afirmava em entrevistas provocadoras. Alguma coisa sempre lhe faltou na existência, e não fui capaz de descobrir o quê.*

Separada de Cacá, Nara envolveu-se com o professor de estatística da PUC, Paulo Rezende, o "Paulo Gentileza" – o apelido ironizava sua falta de delicadeza no trato com os alunos e com a maioria das pessoas. Já na intimidade, mostrava-se generoso e sensível, traço da personalidade que conquistou a aluna famosa. O lado pouco tolerante e sociável não a incomodava – ela também era um pouco assim, embora estivesse longe de ser grosseira.

Mas dos amigos sentia falta. E muita. Principalmente dos que tinha cultivado no meio musical. A versatilidade na escolha do repertório, marco de sua carreira, contribuiu para criar laços com artistas de diversos gêneros e turmas – que geralmente não se misturavam.

Nara estava bem com todos: o pessoal do samba-canção, do baião, do choro, do frevo, os bossa-novistas, os tropicalistas, os mais engajados politicamente, os cantores românticos, os sambistas de morro. Livre de preconceitos e amarras, bastava a ela que fizessem música brasileira de qualidade – esse era o seu critério afetivo e estético.

A primeira ideia de Nara foi reunir os amigos para uma grande festa no novo apartamento, no bairro do Leme. Roberto Menescal, conhecendo a cantora, a convenceu de que seria melhor mudar o endereço e a forma da confraternização. Abstêmia e matutina, ela seria uma péssima anfitriã. Por que não marcar um encontro com os mais chegados num estúdio para a gravação de um grande disco com todos eles? O título Menescal já tinha: *Os meus amigos são um barato*.

Nara exultou com a sugestão e montou a lista dos compositores suficientemente amigos para cada um lhe conceder uma música, de preferência inédita – e que a cantasse junto com ela no estúdio. Seria preciso conciliar as agendas deles e da principal intérprete do disco, que, ocupada com aulas, estudos e crianças, só podia gravar na segunda-feira.

Os amigos ajudaram – os astros, também. "Parecia que havia uma comunicação não verbal na escolha das músicas que me mandavam, pois era exatamente o que eu queria", escreveu Nara, no já tradicional texto de encarte do disco.

Gilberto Gil foi um dos primeiros a enviar uma canção, "Sarará miolo". "Olhe, fiz essa música especial pra você, mas não para a imagem que se tem de você", disse Gil. Nara gostou demais da letra e da melodia, um reggae de crítica ao mestiço que tenta parecer branco. "Só mesmo o Gil seria capaz de me fazer dizer 'Yeahh'."

Caetano mandou uma fita com um bilhete: "Narinha, aí vai 'Odara'. Sei que é seu aniversário. Odara quer dizer, em yorubá nagô, bonito, bom, bacana. Será que você vai gostar?". Ela pulou de alegria. Assim como ficou extremamente feliz de receber no estúdio Dominguinhos ("Chegando de mansinho"), Roberto Menescal ("Flash back"), João Donato ("Amazonas"), Edu Lobo ("Repente") e Carlinhos Lyra ("Cara bonita").

É raro compositores de estilos tão diferentes entrarem num estúdio para participar de um mesmo disco – mas, para Nara, essa mistura se tornara uma marca sua. Nesse novo trabalho, outro traço característico da cantora seria mantido, o de chamar atenção para a obra de um autor pouco conhecido do grande público: ela acatou a sugestão do produtor do disco, Roberto Santana, e gravou "Nonô", do baiano Nelson Rufino.

Faltavam apenas Tom e Chico. Os dois já tinham topado. O primeiro desmarcou várias vezes, sob o pretexto de que uma segunda-feira era mais apropriada para ir ao banco ou ao dentista – e não a uma gravação de música. Ele afinal apareceu numa segunda pouco antes de o horário do estúdio terminar, e completamente bêbado. Esse também era o dia de comparecer no Plataforma. Nara não se importou – o mestre podia tudo –, e os dois gravaram uma das mais belas faixas, "Fotografia".

O problema de Chico era outro: simplesmente não tinha nenhuma música nova na gaveta. Tanto ele quanto ela só aceitavam que fosse gravada uma inédita. O autor pediu um pouco de paciência – a canção sairia. Passaram-se seis meses e nada. Quase no fim do prazo fixado pelo estúdio, Santana decidiu ir à casa do compositor.

Chico disse que, infelizmente, não havia conseguido compor algo à altura de Nara. "Todo dia eu pego o violão e nada", justificou. Resignado, Santana despediu-se e, no caminho de volta à gravadora, resolveu dar um pulo na casa do amigo e multi-instrumentista Sivuca, sem a pretensão de convidá-lo a participar do disco. Apenas para colocar a conversa em dia.

No meio do papo, o produtor comentou sobre a dificuldade de conseguir uma música inédita de Chico para o álbum dos amigos de Nara. Para a surpresa de Santana, Sivuca contou que tinha desenterrado uma antiga valsa, composta havia mais de trinta anos, e a entregara recentemente para Chico letrar. A intenção era atender ao pedido do dramaturgo Paulo Pontes, na ocasião organizando o repertório para a estreia do novo show de Elizeth Cardoso.

Chico, em plena adaptação de *Os Saltimbancos*, estava em outra, imerso no universo infantil. Ao ouvir a música de 1947 enviada por Sivuca, lembrara imediatamente da infância e do conto de fadas João e Maria, dos Irmãos Grimm. A letra havia ficado quase pronta, mas no fim achou que ela tinha pouca conexão com Elizeth. Paulo Pontes concordou.

Da casa do sanfoneiro, Santana telefonou para Chico. "Tô aqui no Sivuca. Você não topa terminar a letra para aquela valsa?". O autor de "Apesar de você" disse que a ouviria novamente, mas não prometia nada – a fase não era das mais inspiradoras. Três dias depois, a parceria estava pronta. Santana conta:

> *Chico ligou logo cedo: "Vem pra cá, terminei". Eu morava no Recreio dos Bandeirantes e ele na Gávea. Lembro que fui dirigindo a mil por hora, ansioso para ouvir a letra. Cheguei lá, o Chico estava sentado no sofá da sala, dedilhando o violão. Sentei ao seu lado e comecei a ouvir: "Agora eu era o herói e o meu cavalo só falava inglês/ A noiva do cowboy era você além das outras três..." Cavalo que falava inglês? A noiva do cowboy? Achei aquilo tudo muito estranho, sem pé nem cabeça. Levei a fita para Nara ouvir. Ela também detestou. Disse, com aquela sinceridade característica: "Não vou gravar isso, não".*

Santana pediu a Nara que ouvisse a canção mais um pouco. E, se resolvesse mesmo não gravá-la, que se entendesse com Chico – eram suficientemente íntimos para isso. Depois de uma semana escutando a música, a cantora disse ao produtor que vinha gostando dela cada vez mais. Santana, admirado, comentou que com ele havia ocorrido exatamente o mesmo processo.

Sivuca foi levado ao estúdio para fazer o arranjo dessa parceria. No início rejeitada, "João e Maria" se tornou o maior sucesso do disco e um dos maiores da carreira da cantora. Um radialista da Jovem Pan de São Paulo, maravilhado com o dueto de Chico e Nara e os acordes orquestrados por Sivuca, passou a tocá-la a cada duas horas. Na capital paulista, impulsionado pela singela valsa, o LP vendeu 10 mil cópias em apenas três dias.

Nara tinha feito questão de convidar para a gravação dois dos mais queridos amigos – não tão amados assim por parte de colegas, sobretudo pelos que se achavam os guardiães da "música brasileira de qualidade". Os bossa-novistas, por exemplo, coçavam-se só de ouvir o nome da dupla. Nara, não. Ela era louca por Roberto e Erasmo – e muito antes de os tropicalistas reconhecerem o valor artístico dos líderes da Jovem Guarda.

De Roberto gostava desde os seus tempos de *crooner* da boate Plaza, quando o cantor só pensava em imitar João Gilberto. Tornaram-se tão próximos numa época – ele jantou mais de uma vez no apartamento de Jairo e Tinoca – que algumas revistas chegaram a anunciar um possível namoro. Jerry Adriani não a perdoaria.

A admiração era mútua entre Nara e Roberto. A cantora até se ofereceu para produzir um disco dele só com clássicos da MPB, dando uma resposta aos puristas. Ela lhe serviria de bandeja o que havia de melhor na praça – canções inéditas de Chico Buarque, Sidney Miller, Edu Lobo e de quem mais desejasse. Mas o empresário do cantor, paranoico, achou que esse era um plano para diminuir a força do astro entre a juventude. O disco nunca saiu.

Em turnê fora do país, Roberto não cantou no álbum dos amigos, mas Erasmo, sim, interpretando com Nara uma música assinada por ele e pelo parceiro: "Meu ego". Ela ficou tão feliz com o resultado que ali mesmo, no estúdio, comunicou a Menescal e ao cantor a intenção de gravar um disco só com o repertório da dupla, dez anos após o fim da Jovem Guarda. E se lixaria para os críticos idiotas, caso a acusassem de se aventurar de novo por um gênero que não lhe caía bem ou de não ter legitimidade para cantá-lo – e outras bobagens do tipo.

Até então, nenhum dos artistas da MPB com a sua popularidade tinha gravado um disco inteiro dedicado a Roberto e Erasmo. E daí?, Nara se perguntava. Azar deles, reféns dos velhos conceitos que continuavam a orbitar a música brasileira. A década de 1970 estava acabando, e as pessoas se mantinham presas à bolha estética construída pelas gerações anteriores. Algumas, aliás, ainda se comportavam como se estivessem na Marcha Contra a Guitarra Elétrica.

As canções da dupla tocavam em temas caros a Nara, como o amor e a amizade no dia a dia, os quais, por puro preconceito e medo, não eram discutidos nas rodas universitárias – nenhum colega de classe do curso de psicologia da PUC ouvia Roberto e Erasmo. E, se o fazia, não dava bandeira.

Nara, ao contrário, queria escancarar a admiração e o respeito aos autores de "Detalhes" – a única entre as suas favoritas que não incluiu no disco-tributo, por considerar a interpretação de Roberto definitiva. No encarte, a cantora explica qual foi o seu critério na hora de escolher as onze canções:

> *[...] resolvi privilegiar o que me pareceu mais forte, positivo, o que leva para a frente procurando uma brecha, uma saída. A música de Roberto-Erasmo passa pela emoção, fala das coisas "sem importância", do quotidiano, de forma clara, simples e direta. Não constrói uma visão do mundo nem define as coisas como devem ser.*

Na capa do disco *E que tudo mais vá pro inferno*, lançado em outubro de 1978, Nara aparece com os cabelos molhados, mordendo o lábio. Era uma cutucada na imprensa, nos desafetos que viviam lhe impondo amarras e rótulos. "As pessoas estão sempre reclamando. A crítica sempre foi assim: 'Mas como cantando música de morro se ela é de Copacabana? Mas como fazendo *Opinião* se é da bossa nova?", disse a cantora aos jornalistas.

A sua "voz pequena e frágil" – diriam certamente os chatos – não combinava com um estilo que exigia doses de dramaticidade ausentes nas interpretações dela. Nara não estava nem aí para o que os outros achavam e não mudaria o jeito de cantar por causa da origem das músicas.

Essa, aliás, era justamente a sua marca – vertia para o próprio estilo canções dos mais variados gêneros, não tentava se adequar a eles. Havia sido assim com os sambas de Cartola e Zé Kéti, os baiões de João do Vale, os afro-sambas de Baden e Vinicius e com outros compositores de estilos diferentes ou não. Nara sempre foi Nara.

Mas em plena gravação do novo disco, ela fez uma descoberta: se quisesse e isso fosse uma preocupação (nunca foi), poderia atingir a nota que bem entendesse – chegar ao extremo agudo, inclusive. Apesar de cantar como contralto, Nara era uma autêntica soprano. Das mais poderosas. Era o que lhe garantia o novo professor de canto, Eládio Perez-Gonzalez, barítono paraguaio radicado no Brasil.

Eládio havia sido indicado por uma amiga de infância, a psicóloga e pianista Helena Floresta de Miranda. Nara se queixava havia anos de dores na garganta e de uma rouquidão que se intensificavam após os shows. Logo nos primeiros exercícios vocais, ao identificar a característica de seu canto, o barítono pediu para ela cantar num tom acima do que estava acostumada, forçando os agudos.

O professor garantiu que, se repetisse o ritual antes de entrar no palco, não sentiria mais nenhum incômodo na voz. Bastava que, por alguns minutos, não contrariasse a natureza de soprano. Eládio estava certo. As dores e a rouquidão nunca mais voltaram. Nara, feliz, ainda provocou os jornalistas, os que gostavam de chamá-la de "voz de passarinho": "Canto assim porque quero. Mas sou capaz de dar um agudo capaz de quebrar o vidro daquela janela".

No início de 1979, numa tarde de sábado, Nara testava no banho os limites de seus agudos, quando sentiu uma forte tontura e desmaiou, batendo violentamente a cabeça no chão do banheiro. Socorrida pelo namorado Paulo Gentileza, muito agitada, começou a falar palavras desconexas em inglês. Levada para a sala e abraçada pelos dois filhos, perguntou, dessa vez em português: "Quem são essas crianças?".

CAPÍTULO 14

SEM TEMPO A PERDER

Nara alternava frases desconexas em português e em inglês. O namorado não sabia se a confusão mental se dera por conta da forte batida contra o chão do banheiro ou se ela havia justamente caído em razão de algum problema de saúde. Paulinho Gentileza ligou logo para Helena Floresta de Miranda, que chegou em poucos minutos. Sentada diante da amiga de infância, Nara também não a reconheceu.

Um eventual problema cardíaco foi descartado pelos médicos que a atenderam em casa. Levada ao Hospital Samaritano, Nara foi submetida a uma tomografia. No hospital, mais calma e menos confusa, reconheceu os filhos, o namorado e Helena. Ninguém comentou com ela sobre as frases desconexas ditas em duas línguas – a ordem era tranquilizá-la até que os exames ficassem prontos.

Os resultados foram conflitantes. Os médicos haviam identificado uma mancha no cérebro de Nara, mas sem uma conclusão. Um deles cogitou de operá-la naquela mesma noite. Jairo Leão entrou em cena e ligou para uma das maiores autoridades médicas da cidade, o neurocirurgião Paulo Niemeyer.

Com o resultado da tomografia em mãos, Niemeyer chamou Jairo para uma conversa. Sem rodeios, o neurocirurgião deu o diagnóstico: um tumor inoperável estava instalado numa parte sensível do cérebro de Nara. Uma eventual cirurgia poderia destruir áreas nobres – a fala, provavelmente, seria atingida. Era impossível prever quanto tempo ela teria de vida – poderiam ser seis meses ou alguns anos. Dependeria da evolução do tumor.

Ninguém soube o que se passou na cabeça do pai de Nara. Minutos depois de se reunir com Niemeyer, Jairo voltou ao quarto da filha sem dizer nada e jamais revelou – nem à família – o teor da conversa com o neurocirurgião. Um novo diagnóstico só seria feito seis anos depois, em 1985, por outro médico: o tumor, já enorme, tinha crescido ainda mais.

Por que Jairo Leão não contou a ninguém sobre o teor da conversa com Paulo Niemeyer? Por que não levou Nara para o consultório do médico para ser examinada, procedimento imprescindível para alguém com aqueles sintomas? Teria resolvido poupar a filha achando que ela não teria estrutura emocional para lidar com tudo aquilo? Uma atitude arrogante, de quem estava acostumado a tomar conta de tudo relacionado às filhas. Fazia sentido, levando-se em conta o histórico de decisões do advogado, sempre paternalistas.

Outra explicação sobre o silêncio de Jairo, levantada por alguns amigos e parentes, de que o diagnóstico não teria identificado nenhum sintoma grave, era pouco provável. Pioneiro da neurocirurgia brasileira, Niemeyer dificilmente deixaria de descobrir a existência de um tumor.

Por um bom tempo Jairo teve a convicção de que havia tomado a decisão certa. Nara saiu do Hospital Samaritano sem apresentar sequelas, feliz pelo buquê de rosas enviado por Vinicius de Moraes com um bilhete parafraseando "O que é que a baiana tem?", de Dorival Caymmi:

Quando você tiver de cair,
caia por cima de mim,
caia por cima de mim.

Depois do disco com canções de Roberto e Erasmo, Nara decidiu gravar uma sequência de álbuns apenas com músicas de compositores que admirava. O recente tombo no banheiro havia ligado o alerta. Ela diminuiu o ritmo de vida, e isso incluía deixar de lado as pesquisas musicais pelo país e as intermináveis audições de fitas de compositores novos, que chegavam aos montes em sua casa – o preço por ter lançado tantos artistas, de Edu Lobo a Jards Macalé, de Maria Bethânia a Sidney Miller, de Chico Buarque a João do Vale.

Primeiro, pensou num disco só com Caetano. Depois, achou que seria mais desafiador gravar a obra de um autor não tão conhecido. Por que não Assis Valente? Tinha loucura por Carmen Miranda, sobretudo pelo que ela cantava do compositor baiano, autor de "Brasil pandeiro". Talvez essa gravação desse muito trabalho. E queria sossego. Assim resolveu produzir um LP com canções de Chico Buarque.

"Pra mim, cantar as músicas do Chico é um ato natural. Como respirar. Não exige esforço, não há divergência", escreveu Nara no encarte do disco *Com açúcar e com afeto*, lançado em 1980. Um progresso e tanto, levando-se em conta o primeiro e desastrado encontro entre os dois. A timidez de ambos quase resultara num afastamento.

Na primeira vez que se viram, no apartamento dos pais, em 1965, Nara até tentou puxar conversa, enquanto o estudante de arquitetura gaguejava no violão. Mas Chico não disse absolutamente nada – limitou-se a mostrar as suas canções. Nas conversas para divulgar o disco, ela contou aos jornalistas quanto ficou incomodada com aquela atitude do jovem compositor:

> *Naquela época ele simplesmente não abria a boca. Eu ouvi, gostei, mas senti um mal-estar incrível. Dias depois procurei um amigo de Chico e comentei o que tinha acontecido. Disse que, certamente, o Chico não tinha ido com a minha cara, que apenas fora até a minha casa por ser um moço bem-educado.*

O mal-entendido logo se desfez. Chico não superou a timidez – muito menos Nara –, mas se fizeram entender. Ele seria eternamente grato por ela tê-lo empurrado de vez para a música, num momento de indecisão profissional. E a cantora se sentia honrada por ter revelado para o Brasil um dos maiores compositores de sua geração.

Apesar dos anos de convivência, a amizade entre os dois não se estreitou. Continuaram próximos após a experiência como apresentadores de um programa – quando foram chamados de "a maior dupla de desanimadores de auditório da história da televisão" –, mas não conseguiram estabelecer grande intimidade. "Até hoje ele é meio caladão", disse Nara em entrevista sobre o novo disco.

O que não evitou especulações por parte de colunistas e revistas de fofoca sobre um possível caso amoroso entre a cantora e o compositor. Os jornalistas desconheciam as relações, estas sim bastante íntimas, de Nara com a atriz Marieta Severo, mulher de Chico.

As duas se tornaram grandes amigas e confidentes. Era para Marieta que ligava quando precisava falar sobre o desgaste do casamento com Cacá Diegues ou sobre as angústias e inseguranças de sempre. E quando Chico sumia pelos bares do Rio com a pior companhia possível – a do jornalista Tarso de Castro –, a atriz não se furtava em desabafar com Nara a hora que fosse.

Como o cancioneiro de Chico não impunha nenhum esforço, Nara se permitiu apenas uma obrigação: selecionar as músicas que ainda não havia gravado. E pediu ao homenageado uma ajuda na escolha, que se preocupou mais em contentar a si próprio do que a ela e à gravadora. "É melhor agradar o Chico do que vender 500 mil discos. Eu fico mais feliz", disse aos jornalistas. Mesmo assim, a tiragem de 50 mil cópias do LP se esgotou em menos de seis meses.

No estúdio, Nara voltou a sentir tonturas, seguidas de períodos curtos de confusão mental. E, nas vezes que saía do ar, enxergava a mesma imagem: luzes piscando e algo girando como a hélice de um ventilador. Acontecia muito rápido, e logo ela retornava ao estado normal – por isso não se preocupou em buscar acompanhamento médico. Achava que era resultado de um estresse demolidor, mas que saberia contornar recorrendo a outra redução no ritmo de vida.

A primeira decisão foi trancar a matrícula na PUC. Houve também a tentativa de folgar a agenda cancelando shows, mas já assinara contrato para vários espetáculos pelo país. Isabel e Francisco tinham crescido – não eram mais bebês –, e ela desejou levar a prole novamente para suas apresentações. A supermãe, porém, havia deixado os rebentos muito mal-acostumados.

Francisco, com 5 anos, já aprontara num grande teatro de Belo Horizonte. Estava atrás das cortinas enquanto a mãe cantava, mas cansou de esperar por ela e invadiu o palco aos prantos, esperneando. Nara largou o microfone, pediu licença ao público e voltou dez minutos depois, após conversar com o filho no camarim – acalmado, ele se convenceu que, por um tempo, seria impossível receber atenção exclusiva.

Uma nova fase da doença levou Nara a conviver mais com sintomas misteriosos e imprevisíveis – não conseguia medir a duração e a frequência do surgimento da "hélice" e das luzes piscando. E notou que os períodos de confusão mental pareciam não ter ligação alguma com momentos de maior tensão, como imaginara inicialmente.

O mal se agravou com rapidez. Dores de cabeça e tonturas duradouras se repetiam em intervalos menores, os lapsos de memória também. Ela esquecia trechos das letras e se atrapalhava com os vencimentos das contas de casa. Os médicos continuavam confusos, os diagnósticos variavam, o que a deixava ainda mais aflita.

Nesse período, Nara contou com a ajuda de Paulo Gentileza, que, verdadeiramente gentil e solidário, pediu afastamento temporário do emprego só para ficar ao lado da namorada. Com o tempo, porém, ela se adaptou e se conformou com o estado de saúde. Ainda que a saída do ar fosse desconfortável ao respirar e as malditas hélices continuassem a atormentá-la – as dores e as tonturas também –, achou que um bom remédio seria retomar o que mais gostava de fazer: a gravação dos discos.

A tal ideia de lançar uma série de LPs, cada um com canções de um compositor conhecido e admirado por ela, já estava fora do seu radar. Nara tinha obsessão pelo novo, mesmo que fosse trabalhoso e arriscado. "Algumas pessoas me perguntam se eu não tenho medo. Digo que não. Gosto de ir à ribanceira, comprar briga. É isto que me renova, me deixa constantemente jovem", declarou na época ao jornal *Folha de S.Paulo*.

Nara estava de viagem marcada para o Ceará, encantada com uma turma de compositores que não eram necessariamente jovens – ela os conhecia desde o começo da década de 1970. Aliás, um dos líderes do Pessoal do Ceará, como era chamado o movimento gestado pelos compositores locais, havia sido lançado justamente pela cantora, que foi produtora e organizadora de seu primeiro grande show, no Teatro da Praia, em Fortaleza, em 1973.

Nara e Raimundo Fagner se tornaram amigos tão chegados que a imprensa tratou de reinventar novo namorado para a cantora. Desde o começo da carreira, quando falaram num possível *affair* com Roberto Carlos após o cantor jantar no apartamento de Copacabana, ela vinha convivendo com esse gênero de fofoca. Se as notícias sobre tantos amores fossem verdadeiras, ela arrancaria do "ex" Ronaldo Bôscoli o trono de maior namorador da história da música brasileira.

E Nara não estava apaixonada somente por Fagner – mas por aquela geração cearense. Gostava especialmente da poesia de Fausto Nilo, o letrista de sete das onze canções do disco *Romance popular*, lançado pela cantora em 1981. Parte da imprensa não perdia a oportunidade de pegar no pé dela.

Um jornalista escreveu que Nara, nascida em berço bossa-novista, não possuía legitimidade e energia para cantar músicas tão genuinamente nordestinas. Era a mesma crítica que a perseguia desde a gravação do primeiro disco só dela, em 1964. Na época, foi acusada de não ter feito "curso de admissão" ao clube dos autorizados a interpretar sambas de Cartola e Zé Kéti.

Mesmo diante das críticas mais incômodas, Nara não gastava tempo para respondê-las publicamente. Mas vinha ensaiando um desabafo sobre o seu estilo. Isso desde uma descoberta vital, ocorrida nas aulas de canto com o barítono paraguaio Eládio Perez-Gonzalez: ela era soprano de origem e, portanto, podia cantar no tom que bem entendesse. E, numa entrevista ao *Estadão* para divulgar o disco com os músicos cearenses, soltou os bofes:

> *Desconfio que, para os críticos, as pessoas não podem ter dois atributos. Tonia Carrero passou a vida sendo chamada de mulher*

bonita e péssima atriz. Parecia que ser bonita e boa atriz eram coisas incompatíveis. Só agora estão vendo que ela é uma excelente atriz. Por tudo isso, resolvi brigar: canto bem, sou afinada e tenho potência. Daqui até o outro quarteirão me escutam, se eu quiser.

Na mesma entrevista, pela primeira vez contou detalhes de sua misteriosa doença:

Foram dois anos penosos, vividos arduamente. O inimigo se escamoteava, fugia, permanecia misterioso, cada médico tinha uma explicação, mas nenhuma solução para as ausências, as vertigens, as dores. [...] Estive muito perto da morte. A gente nunca pensa que vai morrer. Realmente, nunca pensei, sabe? Mas não tive medo da morte, nem fiquei religiosa. Fiquei igual.

Duas mortes, ambas inesperadas, ocorridas num período de seis meses, abalaram ainda mais o estado emocional de Nara. No dia 22 de agosto de 1981, morria Glauber Rocha, vítima de septicemia. Mais que um grande amigo, ele a incentivou a levar em frente as suas transgressões e ousadias, bastante presentes nos três primeiros discos – em *Opinião de Nara*, o cineasta baiano foi um produtor informal, dando palpites em quase tudo.

Glauber amava as diferentes facetas de Nara. Assim como Ruy Guerra, não se deixava levar pela aparente fragilidade física e o temperamento dócil e delicado da cantora – sabia com quem estava lidando. Em cartas do exílio na Europa enviadas a Cacá Diegues, Glauber enaltecia as qualidades da companheira do amigo, referindo-se a ela como se fossem duas em uma só: "Amo Nara Leão. Nara e Narinha. Essa mulher sabe tudo do Brasil 1964. Essa mulher é a primeira mulher brasileira. Essa mulher não tem tempo a perder. Atenção: ninguém pode com Nara Leão".

Por alguns anos, a maior cantora do Brasil não reconheceu nenhum poder em Nara Leão, mas mudou de atitude no final da vida. No dia do aniversário de Nara, em 19 de janeiro de 1982, os amigos ligaram para lhe dar parabéns e para informar que Elis Regina estava morta após uma overdose de cocaína potencializada por bebida alcoólica. Nara custou a acreditar. Tinha estado com Elis meses antes num inesperado encontro dentro de um avião, ambas voltando para o Rio.

No meio do voo, Elis se levantou e fez questão de ir até o assento de Nara, com quem havia alimentado – muito mais por conta do seu temperamento – uma das maiores inimizades da classe musical. Ao vê-la vindo para o fundo da aeronave, encolheu-se na poltrona, preparando-se para o pior.

Nem a mais violenta das turbulências seria mais desagradável do que iniciar um arranca-rabo dentro do avião com Elis Regina – sem poder sair pela primeira porta. Porém se surpreendeu quando, após sentar ao seu lado, ela pediu desculpas pelas grosserias e lá ficou até o fim do voo. Falaram dos mais variados assuntos, menos sobre Ronaldo Bôscoli.

As duas tinham um traço em comum, entre muitas diferenças de personalidade: a entrega total à música. Esse comportamento resultava em rompimentos violentos – cada uma à sua maneira – com o que representasse um entrave ao desenvolvimento delas como artista ou o limitasse.

Desde que rompera com a turma da bossa nova, Nara não admitia se tornar refém de nada. Nem dos amigos. Para o maior deles, Roberto Menescal, falou com franqueza: estava cansada dos músicos que sempre a acompanhavam e também das conversas no estúdio girando em torno dos mesmos temas. Do que adiantava gravar novos compositores a cada disco se o estúdio parecia uma representação do velho apartamento de Copacabana?

Ela queria respirar novos ares, e nada melhor que retomar uma velha amizade com um músico que também fizera parte da patota, mas sempre se recusou a se prender a modismos e grupinhos. O apreço por fusões musicais, nem sempre palatáveis ao gosto popular, o distanciamento da bossa nova, num momento em que seria fácil – e legítimo – faturar com ela, tinham distanciado João Donato do núcleo criador do gênero.

Nara o admirava por sua coragem e liberdade. Donato nunca fez concessões. Nem mesmo no início da carreira, quando, muito jovem, lutando para sobreviver no Rio, negava-se a tocar o que os gerentes e clientes de boates queriam ouvir: boleros e clássicos do samba-canção. No novo disco da cantora, o pianista podia tocar o que quisesse – se pudesse compor para ela, melhor ainda.

Donato fez mais do que isso. Compôs canções e assinou os arranjos de várias músicas do disco *Nasci para bailar*, lançado em 1982. Durante toda a gravação, combinaram de ir ao trabalho juntos. Nara pegava um ônibus, vindo do Leme, e passava pela rua Montenegro (atual Vinicius de Moraes), onde o pianista já a esperava. Ela acenava, ele entrava e de lá partiam juntos para o estúdio da Philips, aonde chegavam de mãos dadas.

Nara pediu e Menescal atendeu: queria gravar com a garotada que o produtor tinha lhe apresentado no fim dos anos 1970. Sim, aqueles jovens que pensavam em choro – tocavam 24 horas por dia – e idolatravam Jacob do Bandolim, o grande mestre do gênero, o mesmo que, em 1964, autorizara o filho e jornalista Sérgio Bittencourt a achincalhá-la por lançar um disco com sambas, o que, para o crítico, era "ilegítimo".

Esse mau humor do crítico reacionário com aval do venerado pai ficou para trás. Agora a cantora reconhecia sobretudo o valor artístico do trabalho de revitalização e modernização do choro feito pelos meninos. O grupo, batizado de Camerata Carioca, se formara com a única finalidade de executar "Retratos", a magistral suíte de Radamés Gnattali composta em 1956 especialmente para Jacob. Apesar da deferência ao mestre, eles não se prendiam aos seus critérios e preceitos.

O bandolinista ranzinza e mal-humorado não admitia que se mexessem nas bases do choro. Avesso a "modernizações descabidas", em 1967 decretou a morte do gênero, em depoimento ao Museu da Imagem e do Som (MIS). Quem morreu, dois anos depois, foi o próprio Jacob. Nunca se soube, portanto, como ele reagiria ao ver jovens que eram seus fãs e discípulos sendo tão descabidos justamente ao tentar homenageá-lo.

Em 1978, como prometido, Menescal levou os garotos da Camerata Carioca ao estúdio da Philips. Na época, Nara começava a pensar no disco em homenagem a Roberto e Erasmo. Ao recebê-los, levou um susto: não imaginava que fossem tão jovens. O violonista loirinho parecia não ter mais do que 15 anos. E não tinha.

Os meninos também pareciam assustados. Não pela presença da cantora famosa, mas pelo que ouviram ao chegar ao estúdio: a música "Cavalgada", um dos grandes sucessos do "Rei". Ficaram sem entender. Nara explicou o conceito do novo disco e a intenção de dar uma roupagem diferente aos clássicos de Roberto e Erasmo, com arranjos que fugissem o máximo possível da gravação original. E eles estavam ali para colaborar nisso.

Maurício Carrilho, 21 anos, Luciana Rabello, 17, e o irmão caçula, Raphael Rabello, 15, toparam a parada imediatamente. Tão ou mais desafiador do que interpretar à maneira deles os "intocáveis" clássicos do choro seria subverter os arranjos originais de canções muito conhecidas e ao mesmo tempo distantes do universo desses jovens. Nara gostou tanto do resultado – o adolescente ao violão era um gênio – que chamou Maurício, o mais velho do trio, para ser assistente de produção do LP, com direção musical de Menescal.

A presença no estúdio dos meninos da Camerata revigorou Nara, redundando num dos melhores discos de sua carreira. Agradecida, ela os convidou para acompanhá-la nos shows do Projeto Pixinguinha, que rodava por várias capitais brasileiras.

Maurício conta:

Foi uma experiência muito marcante para todos nós. A primeira lembrança que me vem à cabeça, naquele ano de 1978, no estúdio da Philips, é o olhar do Raphael para Nara, impressionado com o jeito dela cantar. Ela mudava o tempo da melodia e a entonação da voz de acordo com o significado de cada frase da canção. Era como se ela desse um novo sentido para aquelas letras. E a gente também entrou na onda, mudando radicalmente os arranjos originais. Não sei se o Roberto e o Erasmo gostaram, mas a gente se divertiu bastante.

Maurício também lembra quanto Nara se permitiu, a partir da convivência com eles, experimentar coisas novas – e como tinha prazer em fazer isso:

Ela começou dizendo, muito claramente, que estava saturada de conviver e conversar sempre com as mesmas pessoas, de frequentar os mesmos ambientes. Eu disse que, se fosse esse o problema, estava resolvido, e passei a levá-la para almoçar ou jantar na casa dos meus pais, na Penha, no subúrbio do Rio. Ela adorava, vivenciava as coisas do bairro, tinha curiosidade por tudo. Fomos muito ao Sovaco de Cobra, um dos redutos do samba e do choro do Rio. Nara ficou fascinada com um samba, por causa do refrão [que também dava nome à música, de Austeclinio e Irineu Silva] "água demais mata planta". Ela cantava esse samba o dia inteiro, dizendo que nunca ninguém tinha retratado de forma tão simples e genial quanto o excesso de zelo ou carinho acabava tendo um efeito contrário. Odiava que ficassem no seu pé, e aquele samba parecia ter sido feito pra ela.

Não se sabe se Paulinho Gentileza exagerou na água do regador, mas o namoro terminou assim que Nara começou outro relacionamento, este sim duradouro, privado de excessos e que se manteria até o fim da vida. E ela precisava mais do que nunca da dose certa de afeto – e dos novos amigos – para aguentar a barra que vinha pela frente.

CAPÍTULO 15

UM CHORO PROFUNDO

Os meninos da Camerata Carioca – já não tão meninos assim – aceitaram prontamente o convite de Nara. Eles chegaram ao estúdio da Philips cheios de ideias e trazendo outros caras da pesada: os músicos do Cacique de Ramos, nome de um bloco carnavalesco, núcleo de resistência do samba em Ramos, no subúrbio do Rio. A pedido do produtor artístico do LP, Maurício Carrilho, essa turma se juntou a dois quase veteranos da música brasileira, também muito bem-vindos: Paulo Moura, autor de boa parte dos arranjos do disco, e Paulinho da Viola, que assumiu o cavaquinho com a energia de um iniciante. A festa estava completa, para alegria da anfitriã, que registrou tudo, numa tacada só – *Meu samba encabulado* (título tirado de um verso da canção "14 anos", de Paulinho da Viola) foi concebido praticamente numa noite.

Os envolvidos na gestação do álbum, gravado no primeiro semestre de 1983, notaram uma Nara diferente no estúdio, mais solta e menos insegura – talvez mais familiarizada com os sintomas da doença, que persistiam, mas já não a pegavam tanto de surpresa. Essa fase se devia também à presença do novo namorado, Marco Antonio Bompet, oceanógrafo da Marinha apelidado de "Pinguim" pela bem-humorada turma do Cacique, porque fizera recentemente uma expedição à Antártida.

Bompet enturmou-se rapidamente com os músicos. Ele não entendia apenas de rios, mares, oceanos e zonas costeiras, mas também sabia absolutamente tudo sobre bossa nova. A paixão pelo gênero o aproximou de ídolos como João Gilberto, com quem conviveu no final dos anos 1960, e Tom Jobim. Foi durante um jantar na casa de Tom, em meados de 1968, que o oceanógrafo se encontrou pela primeira vez com Nara, a quem admirava desde os tempos do *Opinião*. Só a reencontrou muitos anos depois, em novembro de 1982, dessa vez na churrascaria Plataforma, no Leblon.

Ela estava ali por acaso, na companhia da produtora Ivone de Virgiliis. As duas tinham combinado ver uma peça, cancelada em cima da hora por falta de luz no teatro. Era véspera das eleições para o Governo do Rio, as primeiras desde o golpe militar, e Nara resolveu jantar com Ivone – precisava conversar com alguém sobre acontecimentos recentes que haviam criado certo mal-estar com dois grandes amigos, Chico Buarque e Marieta Severo.

O casal apoiava publicamente a candidatura a governador de Miro Teixeira, do PMDB, que não parecia ter nenhuma chance diante do favoritismo de Leonel Brizola, do PDT. Mesmo assim, Chico e Marieta se mobilizaram tentando aglutinar parte da classe artística com um abaixo-assinado a favor de Miro, sob o argumento de que sua eleição significaria uma verdadeira derrota para a ditadura militar.

Nara discordou de Chico e Marieta, recusando-se a assinar a lista. Além de deixar claro que votaria em Brizola, fez questão de lembrá-los que Miro não passava de um herdeiro do chaguismo, nome dado à política clientelista desenvolvida por Antônio de Pádua Chagas Freitas. Duas vezes governador biônico (1971-1975 e 1979-1983), Chagas Freitas representava a ala conservadora do então MDB, um agregado com raízes fortes no interior e que por muitos anos minou o fortalecimento de setores mais progressistas do partido no estado.

No fim, Brizola venceu as eleições, com uma diferença apertada entre ele e Moreira Franco, o candidato dos militares, e com quase o dobro dos votos de Miro Teixeira. O abaixo-assinado de Chico e Marieta, portanto, tinha lá um valor simbólico, mas quase nenhum peso eleitoral. A recusa de Nara em assiná-lo e as declarações contra Miro foram suficientes para criar pela primeira (e última) vez uma rusga com o casal de amigos: ficaram sem se falar por alguns meses.

Um dia antes do pleito, ela estava aborrecida por causa da divergência política com Chico e Marieta. À noite, jantando com Ivone na churrascaria Plataforma, encontrou um ombro ainda mais afetuoso para chorar as mágoas. Levado à mesa da cantora por um amigo em comum – o produtor Eduardo Ataíde –, Marco Antonio Bompet a ouviu com atenção e em silêncio – qualidades muito apreciadas por Nara. Quando se dispôs a falar algo, disse que era fã dela e de João Gilberto. E, a despeito de ser oceanógrafo, contou que sabia tocar os clássicos da bossa nova no violão. Nunca mais se separaram.

Ela passou a ter dois anjos da guarda: Marco Antonio Bompet, o companheiro para os melhores e piores momentos, e Miguel Bacelar, uma espécie de empresário-secretário, ex-funcionário da Polygram, indicado por Roberto Menescal. A doença de Nara havia entrado numa fase que dificultava a memorização das datas de shows e o cumprimento da agenda do dia a dia, como a ida ao banco ou às compras no supermercado.

Tarefas que não delegava a ninguém, detestava ser paparicada e mimada – dizia que os artistas deveriam levar uma vida comum. Mas era isso justamente que estava se tornando impossível para ela, por conta dos frequentes apagões de memória e das tonturas. Ao iniciar o trabalho a seu lado, Bacelar notou que a cantora, em menos de uma semana, tinha pagado duas vezes a assinatura de uma mesma revista.

No fim da manhã de um sábado, no dia 12 de fevereiro de 1983, Nara preparava as malas para dois shows em Vitória, no Espírito Santo, como parte da turnê do disco *Meu samba encabulado*, quando recebeu um telefonema de Danuza Leão. Sem entrar em detalhes, a irmã pediu que a cantora cancelasse a viagem e partisse imediatamente para Copacabana. Ela a estaria esperando com dona Tinoca em frente ao apartamento da família.

Ao chegar ao edifício da avenida Atlântica, Nara avistou a irmã, a mãe e o porteiro, Oliveira, parados no hall de entrada. O funcionário do prédio repetiu o que já havia dito minutos antes para Danuza e dona Tinoca. Contou que tinha recebido naquela manhã uma ordem do doutor Jairo para não deixar ninguém subir ao terceiro andar antes dele, Oliveira. O porteiro deveria esperar a chegada da esposa e das duas filhas para, então, ir sozinho até o apartamento e, depois, comunicar a elas o que tinha visto lá.

Ao retornar de uma consulta médica, dona Tinoca fora a primeira a receber o recado do porteiro. Aflita, achou melhor avisar Danuza. Ao ouvir no telefone a história de Oliveira, a ex-modelo pediu que o porteiro subisse logo e acabasse com aquela maluquice. O funcionário relutou, dizendo que havia prometido ao doutor Jairo só ir até lá quando as três mulheres da família tivessem chegado ao edifício. Ele não seria louco de contrariar uma ordem do advogado. Danuza ligou para Nara.

Com a chegada das três, Oliveira, enfim, pegou o elevador. Ao abrir a porta, notou o ar carregado pelo cheiro de gás e as janelas fechadas. Antes de entrar na cozinha, viu o corpo do doutor Jairo caído num tapete no meio da sala, os braços estendidos e uma arma ao lado. Na camisa banhada de sangue, um enorme buraco de bala no lado esquerdo do peito.

Após o relato de Oliveira, nenhuma das três aceitou subir ao terceiro andar. Não havia dúvida de que se tratava de suicídio, o que ficou comprovado horas depois, quando outras pessoas da família chegaram ao apartamento e se depararam com uma carta escrita por Jairo Leão. O advogado, metódico e controlador, tinha pensado em cada detalhe do seu ato e das consequências dele – resolveu problemas burocráticos, descartou remédios vencidos e deixou indicadas opções de investimentos para os anos seguintes.

O plano inicial seria executado na semana anterior, também num sábado, dia de folga da empregada. Mas, como ainda faltavam alguns trâmites em banco e cartório (testamento, venda de terrenos, pagamento de dívidas etc.), o suicídio foi adiado. Nesse meio-tempo, escreveu uma longa carta, lida dias depois pelas duas filhas.

Nara não revelou a ninguém o que leu. Danuza, em livro de memórias, diz apenas que o pai pedia desculpas por se matar nas vésperas do Carnaval. Não há informação oficial sobre o motivo de sua atitude, mas familiares e amigos mais próximos tinham algumas suspeitas.

Jairo não se conformava com o estado de saúde da filha – sofrimento que podia ter se acentuado caso ele houvesse concluído que fora um grande erro poupá-la de saber sobre o tumor no cérebro, diagnosticado anos antes por Paulo Niemeyer. O fato é que desde então Nara gravou discos, fez shows e levou uma vida absolutamente normal, apesar das limitações e do apelo frequente aos anjos da guarda.

Houve quem apontasse o declínio físico de Jairo, acometido de cataratas nos dois olhos – uma em estado bem avançado que lhe tirou grande parte da visão –, como causa de um quadro depressivo e do consequente suicídio. Vaidoso, exuberante nos gestos e nas palavras, o altivo advogado, por conta da quase cegueira, teria dado lugar a um homem inseguro e frágil. Não era assim que desejava viver – e ser visto pelas belas mulheres de Copacabana.

Nara superou a morte do pai trabalhando. Não titubeou ao receber o convite dos organizadores do Projeto Pixinguinha para uma série de shows pelo Nordeste. Conhecer novos locais do Brasil a estimulava. Se fosse na companhia da Camerata Carioca, melhor ainda. Ela e os meninos do choro percorreram mais de quinze cidades no fim de 1983 e começo do ano seguinte.

Como muitas das viagens seriam por estradas, os organizadores ofereceram um automóvel de luxo para que a cantora e o produtor Miguel Bacelar tivessem mais conforto. Os músicos da Camerata e o pessoal da produção, porém, seguiriam numa kombi sem ar-condicionado. Nara dispensou o mimo, pediu que se apertassem um pouco mais no carro velho e se juntou aos meninos.

Os shows foram um sucesso, recorde de público desde a criação do Projeto Pixinguinha. A presença de uma estrela da MPB e os preços populares faziam os ingressos acabarem rapidamente, e por isso Nara passou a se apresentar duas vezes por noite. Ela também abriu mão do cachê principal para dividi-lo em partes iguais com os músicos e técnicos de som.

A turnê a esgotou fisicamente, mas lhe deu novo ânimo. O suicídio do pai e algumas limitações de saúde haviam deprimido Nara. A dedicada aluna da PUC – tirava dez nas matérias e foi escolhida monitora da turma – já não conciliava com o mesmo vigor três tarefas distintas, que a consumiam diariamente: os estudos, a música e as obrigações de mãe de adolescentes. O jeito foi trancar a matrícula da faculdade.

As apresentações no Nordeste e o contato com o Brasil profundo a estimularam a realizar uma vontade antiga: a gravação de um disco só com canções indígenas. Seria uma forma de revisar a história de parte da família paterna, descendente dos puris, hábeis pescadores que viviam no litoral do Espírito Santo até a chegada dos portugueses – encurralados, foram obrigados a migrar para outras regiões.

Nara comentou o plano com Roberto Menescal e avaliou que seria trabalhosa a pesquisa sobre o tema indígena, do qual tinha conhecimento e referências insuficientes. Ao também revelar ao amigo quanto havia gostado do novo show de João Bosco, que se apresentava sozinho no palco, ela foi imediatamente convencida por Menescal a mudar de ideia. Por que não gravar um disco só com voz e violão?

A notícia chegou à fábrica de instrumentos musicais fundada em 1908, em São Paulo, pelo imigrante italiano Romeu Di Giorgio. A empresa entrou em contato com a cantora para dizer que produziria um modelo exclusivo, em agradecimento pela divulgação de um gênero musical tão associado ao instrumento. Só não conseguiu fabricar um violão igual ao que fora furtado – o antigo de Nara não era comercializado havia pelo menos vinte anos.

O momento "meu cantinho, meu violão", mais intimista, contrastava com o turbilhão político vivido pelo país. Milhões de brasileiros saíram às ruas em 1984 exigindo eleições diretas para presidente. Nara esteve nas principais passeatas, mas não se envolveu de corpo e alma com a pauta política – aprendera com a atuação, anos antes, na linha de frente de outros protestos, quanto era perigoso emprestar o nome a causas e movimentos que não eram tão republicanos e democráticos como pareciam.

Agora necessitava canalizar forças para a gravação do novo disco. Um convidado especial havia lhe roubado noites de sono pela insistência em ensaiar de madrugada pelo telefone – e não no estúdio. Mas estava determinada a fazer concessões para que João Gilberto tocasse e cantasse no LP – desde que os ensaios tivessem fim.

Durante dois meses, por volta das três da manhã, cantou ao telefone "Noite dos mascarados", de Chico Buarque, até que o exigente companheiro de dueto se desse por satisfeito. Só não estava preparada para a exigência final de João Gilberto: cobrou 100 mil dólares para participar do disco. Menescal, produtor do LP e executivo da Philips, quis matar o amigo. Nara também.

A raiva passou depois de uma noite bem dormida. Ela dedicaria "Abraços e beijinhos e carinhos sem ter fim" aos mestres Tom, Vinicius e João – que, por falta de verba, não atuou na gravação –, chamados pela cantora, no encarte, de "a tríade que revolucionou a música brasileira e do mundo".

O estilo intimista do disco animou Nara a fazer shows com o mesmo conceito, apenas na companhia de Roberto Menescal. A opção a levou, naturalmente, a abraçar o cancioneiro bossa-novista – dessa vez de forma definitiva e sem direito a rompimentos. De Tóquio veio o convite para gravar um álbum dedicado ao gênero e que entraria para a história como o primeiro de um artista brasileiro registrado inteiramente no formato digital.

A temporada oriental não seria restrita à gravação do disco. Loucos por bossa nova, os japoneses demonstraram muito interesse em ver os dois grandes representantes do gênero, Nara e Menescal, em ação no palco. Os ingressos para os shows da dupla em Tóquio, marcados para junho de 1985, esgotaram-se com antecedência. A cantora se assustou com a sua popularidade por lá e também com a possibilidade de passar pelo menos duas semanas fora do Brasil.

Os mesmos médicos que haviam recomendado a Nara não dirigir no caótico trânsito carioca também acharam arriscado ela encarar uma viagem tão longa e cansativa. A cantora se irritava mais com a falta de uma avaliação precisa e definitiva sobre o seu real estado de saúde (os diagnósticos variavam de estresse a problemas cardíacos) do que com as limitações impostas pela misteriosa doença. Porém, na última hora, decidiu viajar.

Os médicos que se esforçassem para chegar a um acordo sobre a causa das suas dores de cabeça, tonturas, apagões na memória, confusões mentais e as malditas hélices e luzes piscando nos momentos mais improváveis. E, além do mais, aquela seria uma chance de conhecer mais a fundo outra cultura, algo que sempre a estimulava, e ver de perto se aquela veneração dos japoneses por música brasileira era mesmo verdade ou papo de empresário.

Os japoneses não só veneravam de fato a música brasileira – principalmente a bossa nova – como mostravam um absoluto respeito aos artistas. Por um instante, Nara desejou morar em Tóquio. Se as plateias do Brasil se comportassem como a japonesa (não se ouvia um pio no teatro), talvez ela passasse até a gostar das apresentações em público.

Convidada para se apresentar com Menescal em um dos programas de maior audiência da televisão local, nem teve tempo de agradecer a hospitalidade nipônica. Após cantar as primeiras estrofes de "Corcovado", passou a dizer palavras desconexas em inglês e português. O entrevistador tentou acalmá-la e levou uma bronca: "Quem é você? O que estou fazendo aqui? Quem são esses japoneses?".

CAPÍTULO 16

QUE TUDO SEJA O QUE VAI SER

Depois do ocorrido num programa de TV no Japão – Nara só se acalmou e recuperou a consciência uma hora depois, já no hotel –, pessoas próximas decidiram que havia passado da hora de investigar com mais profundidade o real estado de saúde da cantora.

Marco Antonio Bompet tomou a iniciativa de levar a tomografia de 1979, avaliada por Paulo Niemeyer, a um neurologista de confiança, que atendia em Niterói. Ele ficou surpreso ao saber que nenhum tratamento – nem mesmo um acompanhamento médico – havia sido sugerido desde então, pois era visível a existência de um tumor alojado em região delicada do cérebro.

De fato, uma cirurgia não seria recomendável para esse caso, explicou o neurologista, mas como um paciente com tal edema poderia passar seis anos sem se submeter a pelo menos outra tomografia? O diagnóstico, portanto, só seria possível com novo exame, mas os sintomas apresentados por Nara indicavam que algo não ia bem.

Amigos e familiares não entendiam por que um médico como Paulo Niemeyer, referência na sua especialidade, teria tratado o caso de Nara de maneira tão negligente. Desconheciam o pedido do doutor Jairo ao neurocirurgião para que mantivesse o diagnóstico em sigilo.

Bompet deixou o consultório em Niterói com a recomendação de levar a cantora a outro respeitado neurocirurgião, o qual, aliás, a família dela conhecia bem. Pedro Sampaio era sócio do clínico geral de dona Tinoca num consultório em Botafogo. Nara já tinha acompanhado a mãe em algumas consultas com ele.

Nara contou a Sampaio o episódio no Japão e o que passou a sentir desde o tombo no banheiro, em 1979. Disse que nos últimos meses alguns sintomas apareciam com mais intensidade e frequência. Era muito desagradável conviver com uma doença traiçoeira, misteriosa e que a tornara dependente de dois anjos da guarda, o namorado e o empresário. Autossuficiente, detestava dar trabalho aos outros, por mais íntimos que fossem.

O médico ouviu, quieto, o desabafo e pediu nova tomografia. Só assim seria possível saber melhor sobre a origem desses problemas de saúde. Informação que ele já tinha – também guardada em segredo a pedido de Jairo Leão.

Pedro Sampaio fora o primeiro colega que Paulo Niemeyer procurou depois de ver o resultado do exame no cérebro de Nara, feito logo após o tombo. Niemeyer achava que Sampaio, por ser sócio do médico de dona Tinoca, teria mais facilidade em convencer Jairo Leão a abrir o jogo sobre a existência do tumor e a necessidade de tratá-lo com radioterapia caso seu tamanho aumentasse.

Doutor Jairo estava irredutível. Enquanto a filha levasse uma vida normal, gravando discos, não haveria motivos para deixá-la preocupada. Garantiu que no momento certo ela seria informada – mas o segredo não foi revelado nem na carta escrita para as filhas dias antes do suicídio, em 1983.

Nara continuou não sabendo de nada e também não parecia desejar maiores explicações – talvez sentisse o mesmo medo do pai. Até que seu estado se agravou.

Ao examinar a nova tomografia, Pedro Sampaio se inquietou: o tumor, muito maior do que imaginava e não uniforme, atingia várias regiões do cérebro, inviabilizando uma biópsia. Não era possível detectar se era maligno ou benigno.

As características e o histórico da paciente indicavam que se tratava de um glioma, tipo comum de tumor, de grau 1 ou 2, com baixa malignidade. Em muitas ocorrências, ele cresce devagar, e a radioterapia (cirurgia só em último caso) permite que a pessoa viva bastante tempo, podendo até morrer por outra causa.

Tornava-se impossível, portanto, prever quanto tempo Nara teria de vida. Ela deveria começar imediatamente as sessões de tratamento. Nesse dia, Sampaio contou a Bompet a conversa que manteve com Jairo Leão seis anos antes.

Mais uma vez, o resultado do exame não foi revelado a Nara. Bompet, primeiro, falou com Miguel Bacelar, e os dois resolveram contar apenas para Danuza. Depois, juntos, dariam o passo seguinte. Mas não seria fácil comunicar algo tão doloroso à irmã, que ainda se recuperava da tragédia ocorrida menos de um ano antes: a perda de um filho, o jornalista Samuca, morto em acidente de carro no interior do Rio.

Ela, porém, não se abateu com a notícia. Do bar do Leme Palace Hotel, onde havia encontrado Bompet e Bacelar, seguiu diretamente para o autódromo de Jacarepaguá. Trabalhando na secretaria de turismo do Rio, responsável por administrar a prova brasileira de Fórmula 1, a ex-modelo aproveitou a proximidade com o médico da Federação Internacional de Automobilismo, um renomado neurocirurgião inglês, para lhe mostrar o exame da irmã.

Ao abrir a tomografia num dos boxes, o inglês se assustou: "Essa pessoa está viva?".

Danuza saiu de Jacarepaguá aos prantos e com a recomendação expressa de procurar rapidamente o neurologista José Carlos Lynch. Ela, Bacelar e Bompet ouviram de Lynch que o caso não era mesmo para cirurgia, pelo tamanho e pela localização do tumor, alojado numa área mais sensível do cérebro. E, diante do estado avançado do edema, o melhor a fazer no momento seria uma ressonância no hospital Monte Sinai, em Nova York, com a equipe do neurologista e neurocirurgião Leonard Malis, um dos maiores do mundo nessas especialidades.

Bacelar cuidou dos preparativos para a viagem. Braço direito e anjo da guarda, o empresário era o administrador absoluto de tudo que se referia à cantora. Possuía, inclusive, uma procuração, renovada anualmente, que lhe permitia movimentar as contas bancárias dela, acessar o cofre do banco e até vender e comprar imóveis, caso fosse preciso.

A missão de Bacelar, amigo de confiança absoluta, era evitar que a chefe, cada vez mais fragilizada por causa da doença, não sofresse aborrecimentos. Cumpria o papel do empresário que negociava os cachês dos shows, os contatos com as gravadoras, os pagamentos dos músicos e as despesas pessoais de Nara.

Para Danuza, se a irmã havia sido poupada de resolver problemas burocráticos do dia a dia, que se tornaram ainda mais penosos por conta dos lapsos de memória e dos apagões, que também não soubesse da existência do tumor, muito menos de sua extensão e da impossibilidade de operá-lo. Contar a verdade, justificava Danuza, só a deixaria ainda mais nervosa e deprimida.

Numa tarde, semanas antes da viagem a Nova York, sentada no sofá do apartamento no Leme, Nara pediu a Bacelar que lhe contasse tudo sobre sua saúde precária. Não queria ouvir eufemismos, como a ladainha de sempre, a de que os neurologistas necessitavam de mais informações para um diagnóstico com maior precisão etc. etc. etc. Ele estava intimado a revelar inclusive as previsões médicas mais pessimistas.

Isso é um contrassenso, argumentou Nara. Uma mulher como ela, que não fizera concessões em sua carreira artística, administrando-a do início ao fim de maneira própria, não podia agora, aos 43 anos, ser tratada como criança mimada, blindada de tudo. Miguel, aliviado, concordou – havia muito tempo ensaiava uma conversa franca com ela –, e por uma hora falou sem parar, não omitiu uma só informação vinda dos médicos.

Ela ouviu quieta, sem demonstrar nenhum abalo. No fim, abriu um sorriso e apenas perguntou: "Você conseguiu comprar os ingressos pro show do Lionel Hampton?".

Antes da partida para Nova York, marcada para dezembro de 1985, Nara manteve a rotina dos últimos trinta anos: a gravação de um disco. Fez questão de dividir a autoria de *Um cantinho e um violão* – e a foto da capa – com Roberto Menescal, o companheiro de violão desde os seus 12 anos. Um álbum para celebrar o maior amigo com quem conviveu na música.

Em Nova York, em meio aos exames, cumpriu o prometido a si mesma: viu o máximo possível de shows de jazz. Após prestigiar Astrud Gilberto no Blue Note, saiu para jantar com a cantora e amiga. A conversa girou em torno dos respectivos ex-namorados, Bôscoli e João Gilberto, e quanto eles eram malucos e ao mesmo tempo tão fascinantes.

Nara não demonstrou o mesmo saudosismo e recomendou à amiga que buscasse relações com pessoas "normais". Depois de tantos namoros, alguns doentios (entre eles Bôscoli, com certeza), ela se sentia verdadeiramente feliz – e completa – ao lado de um oceanógrafo.

Na volta ao Brasil, Nara iniciou a radioterapia recomendada por Leonard Malis, que, assim como José Carlos Lynch, descartara a possibilidade de cirurgia. Não naquele momento. Temendo que o cabelo caísse rapidamente, resolveu comprar uma peruca num bairro bem distante da Zona Sul. Não queria ser reconhecida por um fã ou correr o risco de um jornalista escrever matéria sensacionalista sobre sua doença.

Bacelar a acompanhou até uma loja em Madureira, bairro da Zona Norte, região que a cantora acabou elegendo como a segunda da cidade na sua preferência. O tratamento invasivo lhe deixara o rosto inchado. Apesar de não esconder a doença, evitava falar dela – o que era praticamente impossível nas andanças pela Zona Sul, onde os amigos viviam se esbarrando.

Na Zona Norte do Rio, como em Paris ou Nova York, onde raramente era reconhecida, podia manter a rotina do dia a dia que lhe dava prazer: ir ao supermercado, às lojas de roupas e, principalmente, ao cinema – quando gostava, via mais de uma vez os filmes em cartaz no cine Comodoro, na Tijuca.

A radioterapia não reduziu o tamanho do tumor nem as dores, que aumentaram e a obrigavam a tomar doses maiores de cortisona. Chico Buarque sugeriu que fizesse uma consulta com o médico espírita Lourival de Freitas, "O Bruxo", como era conhecido entre os artistas – e entre os moradores de Cavalcante, bairro do subúrbio do Rio, onde ele morava.

Nara ouviu a sugestão, desconfiada. O tal feiticeiro dizia receber o espírito de Nero, o imperador romano, e outras figuras de destaque da humanidade, e o compositor garantiu que seus poderes paranormais eram verdadeiros, a ponto de se tornar o médico de um trio de agnósticos: Tom Jobim, Francis Hime e Vinicius de Moraes. O próprio Chico havia recorrido a Lourival para uma "intervenção espiritual" no joelho, permitindo muitos anos mais de atividade ao atacante do Politheama.

Por insistência de Chico, marcou a consulta com o Bruxo. Deixou o encontro com a certeza de que não o veria mais. Os amigos que a perdoassem, mas não havia dúvidas de que se tratava de um charlatão. Podia ser um bom curandeiro para as ressacas de Tom e Vinicius – e para o joelho do Chico –, mas não para o seu caso. E, além do mais, Nara soubera que Lourival utilizava uma lâmina de barbear em certas "cirurgias" espirituais.

Quando o tratamento convencional não surtia efeito, Nara era convencida por amigos a procurar soluções alternativas. Relutou por um tempo antes de ir a outro médico paranormal, este mais discreto que o Bruxo. O desembargador Odilon Ferreira atendia numa casa em Petrópolis, na região serrana do Rio, e dois de seus pacientes eram grandes amigos dela, ambos com câncer: a atriz Dina Sfat e o diretor de teatro Flávio Rangel.

Para a surpresa de Bacelar, que a acompanhou a Petrópolis, Nara, até então cética, encantou-se com Odilon Ferreira. Primeiro, pela ausência de afetações e promessas. O desembargador começou deixando claro que não era milagreiro nem garantia curas.

As consultas seriam rápidas – ele ficaria alguns minutos com a mão sobre a região da sua cabeça onde estava o tumor. Ela não precisaria abandonar a radioterapia, apenas seguir algumas regras, como não tomar sol em excesso, não ingerir carne de porco e derivados de leite e, em hipótese alguma, viajar de avião.

A exigência mais complicada de cumprir era a de não entrar num avião. Precisaria cancelar shows marcados no Norte e Nordeste do país e uma viagem à Holanda, onde participaria de uma confraternização da gravadora Philips. No caso do último compromisso, achou muito bom ter uma desculpa para não ir.

Nara seguiu à risca as recomendações de Odilon Ferreira. Passou a aceitar convites para shows apenas em cidades próximas da região Sudeste. Alegrou-se com o novo roteiro da turnê e a possibilidade de cumpri-lo de carro, sem ter que entrar e sair de aeroportos. "Pior que um avião, só o aeroporto", dizia aos amigos. O pequeno carro de Bacelar deu conta do recado, pois ela e Menescal só precisavam de um cantinho e um violão.

Depois de dois meses visitando Odilon em Petrópolis, Nara realizou outra tomografia. Sentia-se melhor, com menos dores e períodos mais longos sem as tonturas e confusões mentais. Os médicos se surpreenderam de novo ao ver o resultado do exame. O tumor havia se reduzido drasticamente.

Ela continuava seguindo o tratamento convencional, conciliando com as consultas em Petrópolis, o que dividiu parte dos amigos e da família. Para alguns, a medicina é que estava fazendo a sua parte, e o desembargador não passava de um charlatão travestido de médium.

Outros, como Bacelar – e a própria Nara –, estavam certos de que a redução do tumor se relacionava diretamente com as consultas ao desembargador e era consequência da completa entrega da cantora ao tratamento, cumprindo as exigências com rigor. Resultado diferente do apresentado por Dina Staf e Flávio Rangel, que continuavam viajando de avião e comendo alimentos proibidos pela cartilha de Odilon. Ao contrário da cantora, os outros dois artistas não tiveram melhoras no quadro de saúde e ela ligou esse fato à forma negligente com que eles seguiam as normas do desembargador.

O ano de 1987 começou com Nara se sentindo bem e até animada a encarar, ao lado de Menescal, uma longa temporada de shows na badaladíssima boate People, após dois anos afastada dos palcos do Rio. Na estreia, com a casa cheia – seria assim até a última apresentação –, ela foi aplaudida de pé por admiradores e amigos de várias gerações, entre eles Billy Blanco, Caetano Veloso, Ney Matogrosso, Cazuza, Beth Carvalho e Joyce.

Ainda no mesmo ano, lançou os discos *Garota de Ipanema*, gravado em 1986 nos shows do Japão, e *Meus sonhos dourados*, só com músicas que marcaram sua infância e adolescência – neste Nara se reinventava mais uma vez, escolhendo o caminho mais difícil e arriscado ao verter ela mesma para o português clássicos da canção americana.

Meus sonhos dourados foi concebido de maneira despretensiosa na casa de Nara, no Leme. Um dia ela e Menescal começaram a se divertir tocando com arranjos de bossa nova os *standards* de trilhas sonoras que fizeram a cabeça dos dois adolescentes nos anos 1950, ambos loucos pelas músicas dos clássicos do cinema. A brincadeira virou uma imersão sem-fim, que resultou em 280 versões, material para mais dez discos.

Nara criou letras em português para parte das canções e passou o restante a alguns compositores. Até Ronaldo Bôscoli fez a sua versão, para "Misty", de Erroll Garner e Johnny Burke. O ex-namorado, dessa vez, acertou em cheio: "Vem nas asas do tempo voar/ Faz de mim o que você quiser/ Fecha os olhos, eu sou Judy Garland/ De repente, você meu Fred Astaire..." – diz uma estrofe.

Parte da crítica pegou no pé da cantora. Sentiu-se a Carmen Miranda da vez depois que abriu o *Jornal do Brasil* e bateu os olhos na manchete do caderno de cultura: "Nara Leão volta americanizada". "Disseram que voltei americanizada. Não sei o que quiseram dizer com isso. Só porque gravei canções americanas? Mas, meu Deus, as músicas são todas cantadas em português", reclamou aos jornalistas na estreia do show do disco, na boate do hotel Maksoud Plaza, em São Paulo. Ela reaparecera com tudo. As patrulhas também.

A fase era tão boa que Nara até cogitou um retorno ao curso de psicologia na PUC – faltava apenas um ano para se formar. Agradecida a Odilon Ferreira pela impressionante melhora na saúde, passou a defender publicamente o direito dos médicos paranormais ao exercício de seu trabalho – sem serem acusados de prática ilegal da medicina.

Os jornalistas não esperavam por esta. Entrevistada em Belo Horizonte às vésperas de um show, falou abertamente, pela primeira vez, sobre a sua doença e a importância dos tratamentos alternativos: "Tenho visto coisas incríveis. Tenho uma amiga que estava com um tumor na cabeça e tinha um prazo de vida de seis meses. Tratando com um paranormal, aqui de Minas, ela conseguiu se curar. [...] Tem também um amigo meu que esse mesmo paranormal curou a Aids dele".

Retomaria o tema em outra entrevista, dessa vez para o *Jornal do Brasil*. Preservando o desembargador, não citou o nome dele nem o local do tratamento, mas falou quanto se impressionou com o que testemunhara em Petrópolis:

> *Eu vi uma mulher chegar com o seio duro, com um tumor imenso, e o cara encostar o dedo e dividi-lo em quatro e depois em mais pedaços até a cura. Eu vi. Não posso falar o nome dela porque essas pessoas podem até ser presas. Mas eu vi. Queria assegurar o trabalho dos paranormais na Constituinte, com a ressalva de que tudo deve ser gratuito, para afastar os vigaristas, que sobram neste país.*

O entusiasmo com o médium de Petrópolis foi tamanho que ela ficou determinada a largar a medicina convencional e, consequentemente, as sessões de radioterapia. Anunciou a resolução a José Carlos Lynch e ao oncologista Ernani Saltz. Ambos tentaram convencê-la, sem sucesso, de que seria perigosa a opção exclusiva pelo atendimento alternativo – e que a diminuição do tumor e a melhora da saúde se deviam, na verdade, ao tratamento por radiações.

Nara não encontrou tempo para refletir sobre o conselho dos dois médicos. Continuava a mil por hora. No início de 1988, ela e Menescal regressaram à boate People para mais uma temporada, que se prolongou por cinco semanas. Nesse meio-tempo, bolou com o produtor Aloysio de Oliveira um show só de mulheres.

Rosa Passos, Célia Vaz, as integrantes do Quarteto em Cy e Nara se revezariam no palco, acompanhadas nos instrumentos por outras cinco jovens e dirigidas pelo único homem convidado, Aloysio. A série de apresentações marcada para abril, no Canecão, foi cancelada na última hora, após divergências contratuais entre a casa de espetáculos e os empresários de algumas das artistas envolvidas no projeto.

Desgastada com o episódio, Nara prometeu a si mesma não organizar mais nenhum show que dependesse da boa vontade dos outros. Estava animada para cantar, desde que só fosse necessário subir ao palco. Algo raro na vida da cantora, em abril ela encarou uma multidão: os fãs se juntaram em frente ao Copacabana Palace para a comemoração dos trinta anos de bossa nova.

Um milagre da medicina. O médico inglês da Fórmula 1 já havia ficado pasmo ao saber que a paciente daquela tomografia ainda estava viva. Mas não podia imaginar que ela, além do mais, gravava discos seguidamente, fazia shows, organizava apresentações de colegas, compunha dezenas de versões para clássicos da canção americana, viajava de carro entre as capitais, cantava para multidões e pensava seriamente em reiniciar os estudos de psicologia.

Incansável, Nara iniciou os preparativos para a gravação de *My Foolish Heart*, o segundo disco com versões de *standards* americanos, encomendado pela Polygram do Japão. Os japoneses tinham pressa – queriam aproveitar o sucesso da cantora no país. Ela aparecia até no comercial de uma cerveja cantando "Eu gosto mais do Rio", com letra em português de Pacífico Mascarenhas para "How About You", de Burton Lane e Ralph Freed.

Para dividir o trabalho de tradução e composição, Nara convocou o velho amigo Nelsinho Motta, na época deprimido com o fim de um relacionamento. O jornalista e produtor aceitou o desafio de verter grandes canções do romantismo americano. O momento era apropriado, embora ele previsse que a tarefa aprofundaria ainda mais a sua fossa.

Nara, porém, instigou Nelsinho a criar versões distantes das originais, não necessariamente românticas. E assim "You'll Never Know", de Harry Warren e Mack Gordon, cantada por Alice Faye no filme *Aquilo sim era vida* (1943), vencedor do Oscar de melhor canção original, virou o samba "Sem querer":

Quem tudo quer nada tem
E sofre quem acredita que ter é ser
Então não vê que o melhor, que o bom de viver é deixar
Que tudo seja o que vai ser.

A letra de Nelsinho podia ter sido composta por Nara, para quem os problemas de saúde não eram motivo de queixa. Os amigos que a visitavam no Leme sabiam que havia apenas um assunto proibido: doença. O melhor, para ela, era deixar a vida rolar.

Em fevereiro de 1989, Nara terminou a gravação de *My Foolish Heart*. No mês seguinte, os sintomas reapareceram de forma mais aguda, e seu estado piorou rapidamente. Por várias vezes, nos shows com Menescal, ela simplesmente esquecia o nome do amigo. A morte em menos de seis meses de duas pessoas queridas, Flávio Rangel e Dina Sfat, arrasou a cantora, mas, mesmo assim, fez questão de manter a agenda de shows.

O mais importante seria um grande concerto organizado pelo Centro Cultural Cândido Mendes em homenagem à bossa nova, com a participação de dezenas de artistas e marcado para 10 de abril no Teatro Municipal do Rio. Escalada para interpretar quatro canções – "Chega de saudade", "Desafinado", "Anos dourados" e "O barquinho" –, no ensaio Nara esqueceu a letra desta última e tentou recomeçá-la várias vezes, até desistir. Deprimida, recolheu-se ao camarim e cancelou sua apresentação. Leny Andrade a substituiu.

Sem condições físicas de viajar a Petrópolis, Nara sugeriu que Odilon Ferreira fosse atendê-la em casa, mas o juiz disse que não era possível. Familiares a convenceram a retomar o tratamento convencional, submetendo-se mais seriamente à radioterapia, e a esquecer o médico paranormal. Miguel Bacelar correu ao consultório de José Carlos Lynch.

Lynch conta:

> *Miguel esteve no meu consultório relatando a piora de Nara e pedindo que eu fizesse algo. Eu disse a ele que essa decisão tinha que ser dela e que eu não podia obrigá-la a se tratar comigo. No fundo, eu entendia o seu desespero: ela se agarrou ao último fio de esperança. Nessas horas, é muito fácil ser capturada por um vigarista. Eu lamento, porque no último caso poderia se tentar uma cirurgia, remover o máximo possível de tumor com segurança. É difícil afirmar o que aconteceria, mas era uma alternativa.*

Em casa, Nara apresentou pequena melhora. E já regressou à rotina de trabalho ensaiando no violão uma versão em inglês de "Aquarela do Brasil". Quis logo mostrá-la aos amigos. Maurício Carrilho a visitou no apartamento do Leme. Estranhou seu corte de cabelo – ela tinha adotado o estilo moicano, à moda punk, uma solução moderna para disfarçar a queda de cabelo causada pelo tratamento.

Conversaram sobre tudo, principalmente sobre coisas do dia a dia. Carrilho contou que estava namorando uma professora de educação física, e Nara disse que ele fazia muito bem de buscar relacionamento com pessoas fora de seu círculo profissional – e que ela havia dado a mesma dica a Astrud Gilberto, meses antes.

Na noite de 18 de maio, jantando com a irmã Danuza e alguns amigos, Nara sentiu-se mal. Falando palavras desconexas, caiu e se debateu no chão até desmaiar. Com a ajuda do filho Bruno Wainer, Danuza a levou para a Casa de Saúde São José, no bairro do Humaitá.

Danuza, Marco Antonio Bompet, Marieta Severo, a amiga de infância Helena Floresta e outras pessoas do círculo íntimo se revezaram nos cuidados a Nara, que não mais acordou. Desesperado, Miguel Bacelar recorreu a Odilon Ferreira, que se recusou a atendê-la no hospital. Bacelar tentou negociar sugerindo que o juiz fosse ao apartamento de Marieta Severo. Uma ambulância levaria a cantora até lá. Na última hora, o médium desistiu da "consulta".

Nara morreu na manhã de quarta-feira do dia 7 de junho de 1989, aos 47 anos. Danuza tratou de organizar um funeral discreto, rápido, com a presença de poucos amigos – como gostaria a irmã, sepultada no Cemitério São João Batista, em Botafogo.

Entre as centenas de textos escritos em homenagem à cantora, coube a Paulo Francis, o antigo companheiro de pôquer de Jairo Leão, a melhor definição sobre a personalidade e o legado de Nara Leão: "Foi símbolo da reação à ditadura de 1964, sem nunca pretender ser coisa alguma".

DISCOGRAFIA

NARA – 1964

1. **Marcha da Quarta-Feira de Cinzas**
   (Carlos Lyra e Vinicius de Moraes)
2. **Diz que fui por aí**
   (Hortênsio Rocha e Zé Kéti)
3. **O morro (Feio não é bonito)**
   (Carlos Lyra e Gianfrancesco Guarnieri)
4. **Canção da terra**
   (Edu Lobo e Ruy Guerra)
5. **O sol nascerá**
   (Cartola e Elton Medeiros)
6. **Luz negra**
   (Nelson Cavaquinho e Amâncio Costa)
7. **Berimbau**
   (Baden Powell e Vinicius de Moraes)
8. **Vou por aí**
   (Baden Powell e Aloysio de Oliveira)
9. **Maria Moita**
   (Carlos Lyra e Vinicius de Moraes)
10. **Réquiem por um amor**
    (Edu Lobo e Ruy Guerra)
11. **Consolação**
    (Baden Powell e Vinicius de Moraes)
12. **Nanã**
    (Moacir Santos)

OPINIÃO DE NARA - 1964

1. **Opinião**
   (Zé Kéti)
2. **Acender as velas**
   (Zé Kéti)
3. **Derradeira primavera**
   (Tom Jobim e Vinicius de Moraes)
4. **Berimbau (Ritmo de capoeira)**
   (João Mello e Clodoaldo Brito)
5. **Sina de caboclo**
   (João do Vale e J.B. de Aquino)
6. **Deixa**
   (Baden Powell e Vinicius de Moraes)
7. **Esse mundo é meu**
   (Sérgio Ricardo e Ruy Guerra)
8. **Labareda**
   (Baden Powell e Vinicius de Moraes)
9. **Em tempo de adeus**
   (Edu Lobo e Ruy Guerra)
10. **Chegança**
    (Edu Lobo e Oduvaldo Vianna Filho)
11. **Na roda da capoeira**
    (Folclore Baiano)
12. **Malmequer**
    (Newton Teixeira e Cristóvão de Alencar)

O CANTO LIVRE DE NARA – 1965

1. **Corisco**
   (Glauber Rocha e Sérgio Ricardo)
2. **Samba da legalidade**
   (Zé Kéti e Carlos Lyra)
3. **Não me diga adeus**
   (Paquito – L. Soberano – J.C. Silva)
4. **Uricuri**
   (José Cândido e João do Vale)
5. **Canto livre**
   (Bené Nunes e Dulce Nunes)
6. **Suíte dos pescadores**
   (Dorival Caymmi)
7. **Carcará**
   (José Cândido e João do Vale)
8. **Malvadeza Durão**
   (Zé Kéti)
9. **Aleluia**
   (Ruy Guerra e Edu Lobo)
10. **Nega Dina**
    (Zé Kéti)
11. **Minha namorada**
    (Carlos Lyra e Vinicius de Moraes)
12. **Incelença**
    (Folclore)

5 NA BOSSA - 1965

1. **Carcará**
   (João do Vale e José Candido)
2. **Reza**
   (Edu Lobo e Ruy Guerra)
3. **O trem atrasou**
   (Arthur Villarinho – Estanislau Silva – Paquito)
4. **Zambi**
   (Edu Lobo e Vinicius de Moraes)
5. **Consolação**
   (Baden Powell e Vinicius de Moraes)
6. **Aleluia**
   (Edu Lobo e Ruy Guerra)
7. **Cicatriz**
   (Zé Kéti e Hermínio Bello de Carvalho)
8. **Estatuinha**
   (Edu Lobo e G. Guarnieri)
9. **Minha história**
   (João do Vale e Raymundo Evangelista)
10. **O morro não tem vez**
    (Tom Jobim e Vinicius de Moraes)

NARA PEDE PASSAGEM - 1966

1. **Pede passagem**
   (Sidney Miller)

2. **Olê, olá**
   (Chico Buarque)

3. **Amei tanto**
   (Baden Powell e Vinicius de Moraes)

4. **Palmares**
   (Noel Rosa de Oliveira – Anescar Pereira Filho – Walter Moreira)

5. **Recado**
   (Paulinho da Viola e Casquinha)

6. **Amo tanto**
   (Jards Macalé)

7. **Pedro pedreiro**
   (Chico Buarque)

8. **Quatro crioulos**
   (Elton Medeiros e Joacyr Sant'Anna)

9. **Pranto de poeta**
   (Guilherme de Brito e Nelson Cavaquinho)

10. **Madalena foi pro mar**
    (Chico Buarque)

11. **Pecadora**
    (Jair do Cavaquinho e Joãozinho da Pecadora)

12. **Deus me perdoe**
    (Humberto Teixeira e Lauro Maia)

MANHÃ DE LIBERDADE - 1966

1. **A banda**
   (Chico Buarque)
2. **Ana vai embora**
   (Franklin Dario)
3. **Funeral de um lavrador**
   (João Cabral de Melo Neto e Chico Buarque)
4. **Dois e dois: quatro**
   (Luiz Guedes – Ferreira Gullar – Thomas Roth)
5. **Morena dos olhos d'água**
   (Chico Buarque)
6. **Favela**
   (Padeirinho e Jorginho)
7. **Manhã de liberdade**
   (Nelson Lins de Barro e Marco Antonio)
8. **Menina de Hiroshima**
   (Luiz Carlos Sá e Francisco de Assis)
9. **Ladainha**
   (Gilberto Gil)
10. **Canção do bicho**
    (Geni Marcondes – Denoy de Oliveira – Ferreira Gullar)
11. **Canção da primavera**
    (Carlos Elias)
12. **Faz escuro mas eu canto**
    (Monsueto Menezes e Thiago de Mello)

VENTO DE MAIO – 1967

1. **Quem te viu, quem te vê**
   (Chico Buarque)
2. **Com açúcar, com afeto**
   (Chico Buarque)
3. **Noite dos mascarados**
   (Chico Buarque)
4. **Vento de maio**
   (Gilberto Gil e Torquato Neto)
5. **Maria Joana**
   (Sidney Miller)
6. **A praça**
   (Sidney Miller)
7. **O circo**
   (Sidney Miller)
8. **Morena do mar**
   (Dorival Caymmi)
9. **Fui bem feliz**
   (Sidney Miller e Jorginho)
10. **Rancho das namoradas**
    (Vinicius de Moraes e Ary Barroso)
11. **Chorinho**
    (Chico Buarque)
12. **Passa, passa, gavião**
    (Sidney Miller)
13. **A estrada e o violeiro**
    (Sidney Miller)

NARA – 1967

1. **Tic-tac do meu coração**
   (Walfrido Silva e Alcyr Pires Vermelho)
2. **Lancha nova**
   (João de Barro e Antônio Almeida)
3. **Por exemplo, você**
   (Suely Costa e João Medeiros Filho)
4. **Corrida de jangada**
   (Edu Lobo e José Carlos Capinan)
5. **De onde vens**
   (Dori Caymmi e Nelson Motta)
6. **Se você quiser saber**
   (Cristóvão de Alencar e Silvio Pinto)
7. **Camisa amarela**
   (Ary Barroso)
8. **Cabra-macho**
   (Guto e Mariozinho Rocha)
9. **No cordão da saideira**
   (Edu Lobo)
10. **Inspiração**
    (Ubenor Santos)
11. **Soneto de separação**
    (Tom Jobim e Vinicius de Moraes)
12. **Carolina**
    (Chico Buarque)
13. **Lamento no morro**
    (Tom Jobim e Vinicius de Moraes)

NARA - 1968

1. **Lindoneia**
   (Caetano Veloso e Gilberto Gil)
2. **Quem é**
   (Custódio Mesquista e Joracy Camargo)
3. **Donzela por piedade não perturbes**
   (J.S. Arvelos)
4. **Mamãe Coragem**
   (Caetano Veloso e Torquato Neto)
5. **Anoiteceu**
   (Vinicius de Moraes e Francis Hime)
6. **Modinha (Serestas – peça nº 5)**
   (Heitor Villa-Lobos e Manuel Bandeira)
7. **Infelizmente**
   (Ary Pavão e Lamartine Babo)
8. **Odeon**
   (Ernesto Nazareth e Vinicius de Moraes)
9. **Mulher**
   (Custódio Mesquita e Sady Cabral)
10. **Medroso de amor**
    (Alberto Nepomuceno e Juvenal Galeno)
11. **Deus vos salve esta casa santa**
    (Caetano Veloso e Torquato Neto)
12. **Tema de "Os Inconfidentes"**
    (Chico Buarque de Hollanda e Cecília Meireles)
13. **Festa**
    (Dori Caymmi e Nelson Motta)
14. **Linha 12**
    (Juarez de Souza e Antonio E. Motta)

COISAS DO MUNDO – 1969

1. **Coisas do mundo, minha nega**
   (Paulinho da Viola)
2. **Me dá... me dá**
   (Cícero Nunes e Portelo Juno)
3. **Atrás do Trio Elétrico**
   (Caetano Veloso)
4. **Azulão**
   (Jayme Ovalle e Manuel Bandeira)
5. **Tambores da paz**
   (Sidney Miller)
6. **Parabién de la Paloma**
   (Rolando Alácron / Versão: Nara Leão)
7. **Pisa na fulô**
   (João do Vale – E. Pires – S. Junior)
8. **Fez bobagem**
   (Assis Valente)
9. **Little boxes**
   (Reynolds / Versão: Nara Leão)
10. **Poema da rosa**
    (Jards Macalé e Augusto Boal)
11. **Apanhei-te cavaquinho**
    (Ernesto Nazareth)
12. **La colombe**
    (Jacques Brel / Versão: Nara Leão)
13. **Diálogo**
    (Marcos Valle, Paulo Sérgio Valle e Milton Nascimento)
14. **Rosa da gente**
    (Dori Caymmi e Nelson Motta)

DEZ ANOS DEPOIS - 1971

Disco 1

1. **Insensatez**
   (Tom Jobim e Vinicius de Moraes)
2. **Samba de uma nota só**
   (Tom Jobim e Newton Mendonça)
3. **Retrato em branco e preto**
   (Tom Jobim e Chico Buarque)
4. **Corcovado**
   (Tom Jobim)
5. **Garota de Ipanema**
   (Tom Jobim e Vinicius de Moraes)
6. **Pois é**
   (Tom Jobim e Chico Buarque)
7. **Chega de saudade**
   (Tom Jobim e Vinicius de Moraes)
8. **Bonita**
   (Tom Jobim e Ray Gilbert)
9. **Você e eu**
   (Carlos Lyra e Vinicius de Moraes)
10. **Fotografia**
    (Tom Jobim)
11. **O grande amor**
    (Tom Jobim e Vinicius de Moraes)
12. **Estrada do sol**
    (Tom Jobim e Dolores Duran)

Disco 2

1. **Por toda minha vida**
   (Tom Jobim e Vinicius de Moraes)

2. **Desafinado**
   (Tom Jobim e Newton Mendonça)

3. **Minha namorada**
   (Carlos Lyra e Vinicius de Moraes)

4. **Rapaz de bem**
   (Johnny Alf)

5. **Vou por aí**
   (Baden Powell e Aloysio de Oliveira)

6. **O amor em paz**
   (Tom Jobim e Vinicius de Moraes)

7. **Sabiá**
   (Tom Jobim e Chico Buarque)

8. **Meditação**
   (Tom Jobim e Newton Mendonça)

9. **Primavera**
   (Carlos Lyra e Vinicius de Moraes)

10. **Este seu olhar**
    (Tom Jobim)

11. **Outra vez**
    (Tom Jobim)

12. **Demais**
    (Tom Jobim e Aloysio de Oliveira)

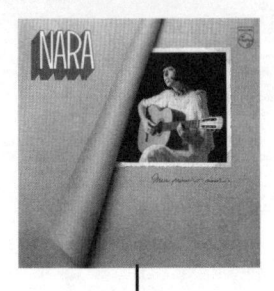

MEU PRIMEIRO AMOR – 1975

1. **Atirei o pau no gato**
   (Tradicional)
2. **Marcha dos gafanhotos**
   (Roberto Martins e Frazão)
3. **Canta, Maria**
   (Ary Barroso)
4. **Sábia-laranjeira / Andorinha preta**
   (Milton de Oliveira e Max Bulhões) / (Breno Ferreira)
5. **O menino do Braçanã**
   (Luiz Vieira e Arnaldo Passos)
6. **Trevo de quatro folhas (I'm looking over a 4 leaf clover)**
   (Dixon e Woods / Versão: Nilo Sérgio)
7. **Fiz a cama na varanda / Prenda Minha**
   (Dilu Melo e Ovídio Chaves) / (Tradicional)
8. **Colar de estrelas**
   (Breno Ferreira)
9. **Casinha pequenina**
   (Capiba)
10. **Cabecinha no ombro**
    (Paulo Borges)
11. **Upa-upa (A canção do trolinho)**
    (Ary Barroso)

12. **A saudade mata a gente**
    (Antonio Almeida e João de Barro)
13. **Meu primeiro amor (Lejania)**
    (H. Gimenez / Versão: José Fortuna e Pinheirinho Jr.)

OS MEUS AMIGOS SÃO UM BARATO – 1977

1. **Sarará miolo com Gilberto Gil**
   (Gilberto Gil)
2. **Odara com Caetano Veloso**
   (Caetano Veloso)
3. **Meu ego com Erasmo Carlos**
   (Roberto Carlos e Erasmo Carlos)
4. **Chegando de mansinho com Dominguinhos**
   (Dominguinhos e Anastácia)
5. **Repente com Edu Lobo**
   (Edu Lobo)
6. **Nonô com Nelson Rufino**
   (Nelson Rufino)
7. **João e Maria com Chico Buarque**
   (Chico Buarque e Sivuca)
8. **Amazonas com João Donato**
   (João Donato e Lysias Ênio)
9. **Flash back com Roberto Menescal**
   (Roberto Menescal e Ronaldo Bôscoli)
10. **Cara bonita com Carlos Lyra**
    (Carlos Lyra)
11. **Fotografia com Tom Jobim**
    (Tom Jobim)

...E QUE TUDO MAIS VÁ PARA O INFERNO - 1978

1. **As curvas da estrada de Santos**
   (Roberto Carlos e Erasmo Carlos)
2. **Além do horizonte**
   (Roberto Carlos e Erasmo Carlos)
3. **Como é grande o meu amor por você**
   (Roberto Carlos e Erasmo Carlos)
4. **Dia de chuva**
   (Roberto Carlos e Erasmo Carlos)
5. **Olha**
   (Roberto Carlos e Erasmo Carlos)
6. **Cavalgada**
   (Roberto Carlos e Erasmo Carlos)
7. **Proposta**
   (Roberto Carlos e Erasmo Carlos)
8. **Debaixo dos caracóis dos seus cabelos**
   (Roberto Carlos e Erasmo Carlos)
9. **A cigana**
   (Roberto Carlos e Erasmo Carlos)
10. **O divã**
    (Roberto Carlos e Erasmo Carlos)
11. **Se você pensa**
    (Roberto Carlos e Erasmo Carlos)

NARA CANTA EN CASTELLANO – 1979

1. **Detrás del horizonte**
   (Além do horizonte)
   (Roberto Carlos e Erasmo Carlos / Cast B.M. McCluskey)

2. **Propuesta**
   (Proposta)
   (Roberto Carlos e Erasmo Carlos / Cast B.M. McCluskey)

3. **Dia de lluvia**
   (Dia de chuva)
   (Roberto Carlos e Erasmo Carlos / Cast Juan Carlos)

4. **La gitana**
   (A gitana)
   (Roberto Carlos e Erasmo Carlos / Cast B.M. McCluskey)

5. **Como es grande mi amor por ti**
   (Roberto Carlos e Erasmo Carlos / Cast B.M. McCluskey)

6. **As curvas da estrada de Santos**
   (Roberto Carlos e Erasmo Carlos)

7. **Cabalgada**
   (Cavalgada)
   (Roberto Carlos e Erasmo Carlos / Cast B.M. McCluskey)

8. **Debaixo dos caracóis dos seus cabelos**
   (Roberto Carlos e Erasmo Carlos)

9. **El divan (O divã)**
(Roberto Carlos e Erasmo Carlos / Cast Juan Carlos)

10. **Si tu piensas (Se você pensa)**
(Roberto Carlos e Erasmo Carlos / Cast Juan Carlos)

11. **Mira (Olha)**
(Roberto Carlos e Erasmo Carlos / Cast B.M. McCluskey

COM AÇÚCAR, COM AFETO – 1980

1. **A Rita**
   (Chico Buarque)
2. **Onde é que você estava**
   (Chico Buarque)
3. **Ela desatinou**
   (Chico Buarque)
4. **Trocando em miúdos**
   (Francis Hime e Chico Buarque)
5. **O que será (À flor da pele)**
   (Chico Buarque)
6. **Baioque**
   (Chico Buarque)
7. **Dueto (com Chico Buarque)**
   (Chico Buarque)
8. **Vence na vida quem diz sim (com Chico Buarque)**
   (Chico Buarque e Ruy Guerra)
9. **Samba e amor**
   (Chico Buarque)
10. **Homenagem ao malandro**
    (Chico Buarque)
11. **Olhos nos olhos**
    (Chico Buarque)
12. **Mambembe (com Chico Buarque)**
    (Chico Buarque)

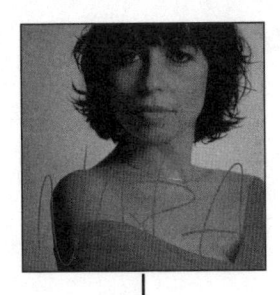

ROMANCE POPULAR – 1981

1. **Amor nas estrelas**
   (Roberto de Carvalho e Fausto Nilo)
2. **Laranja da China**
   (Fagner e Fausto Nilo)
3. **Bloco do prazer**
   (Moraes Moreira e Fausto Nilo)
4. **Seja o meu céu**
   (Robertinho de Recife e Capinan)
5. **Romance popular**
   (Stelio Vale – Chico Chaves – Fausto Nilo)
6. **Moça bonita**
   (Geraldo Azevedo e Capinan)
7. **Por um triz**
   (Clodo – Climério – Clésio)
8. **Traduzir-se**
   (Fagner e Ferreira Gullar)
9. **Luz brasileira**
   (Nonato Luís – Fausto Nilo – Carlos Moreno)
10. **Cli-clê-clô**
    (Fagner – Nara Leão – Fausto Nilo)
11. **Marinheira**
    (Fernando Falcão e Fausto Nilo)

NASCI PARA BAILAR – 1982

1. **Nasci para bailar**
   (Paulo André e João Donato)
2. **Pede passagem**
   (Sidney Miller)
3. **Luz do sol (tema do filme *Índia*)**
   (Caetano Veloso)
4. **Supõe (Supon)**
   (Silvio Rodriguez / Versão: Chico Buarque)
5. **Maravilha curativa**
   (Miltinho e Kledir Ramil)
6. **Tou com o diabo no corpo**
   (Sivuca e Paulinho Tapajós)
7. **Questão de tempo**
   (Kleiton Ramil)
8. **Manto negro**
   (Elton Medeiros e Antônio Valente)
9. **Gaiolas abertas**
   (João Donato e Martinho da Vila)
10. **Imagina só (Imaginate)**
    (Silvio Rodriguez / Versão: Chico Buarque)
11. **Caso do acaso**
    (David Tygel)
12. **Penar**
    (Antonio Adolfo e Paulinho Tapajós)
13. **A primeira sentença**
    (Túlio Mourão)

MEU SAMBA ENCABULADO – 1983

1. **Meu cantar**
   (Noca da Portela e Joel Menezes)
2. **14 anos**
   (Paulinho da Viola)
3. **Relembrando**
   (Luiz Carlos da Vila)
4. **De mal pra pior**
   (Pixinguinha e Hermínio Bello de Carvalho)
5. **Há música no ar**
   (Yvonne Lara e Délcio Carvalho)
6. **Eu e a brisa**
   (Johnny Alf)
7. **Como será o ano 2000?**
   (Padeirinho)
8. **Isso é o Brasil**
   (José Maria de Abreu e Luiz Peixoto)
9. **Fundo azul**
   (Nelson Sargento)
10. **Pé de moleque**
    (Radamés Gnattali)
11. **Firuliu**
    (Teca Calazans)
12. **Brasileirinho**
    (João Pernambuco e Turíbio Santos)
13. **Quando a saudade apertar**
    (Jayme Florence e Leonel Azevedo)

ABRAÇOS E BEIJINHOS E CARINHOS SEM TER FIM – 1984

1. **Outra vez**
   (Tom Jobim)
2. **Eu preciso de você**
   (Aloysio de Oliveira e Tom Jobim)
3. **Até quem sabe**
   (João Donato e Lysias Ênio)
4. **Por causa de você**
   (Tom Jobim e Dolores Duran)
5. **Lá vem você**
   (João Donato e Lysias Ênio)
6. **Sublime tortura**
   (Bororó)
7. **Sabe você**
   (Carlos Lyra e Vinicius de Moraes)
8. **Telefone (com Céu da boca)**
   (Roberto Menescal e Ronaldo Bôscoli)
9. **Mágoas / Caminhos cruzados**
   (Marino Pinto e Tom Jobim) / (Tom Jobim e Newton Mendonça)
10. **Você e eu**
    (Carlos Lyra e Vinicius de Moraes)
11. **Este seu olhar**
    (Tom Jobim)
12. **Wave**
    (Tom Jobim)

GAROTA DE IPANEMA – 1985

1. **O barquinho**
   (Roberto Menescal e Ronaldo Bôscoli)
2. **Garota de Ipanema**
   (Tom Jobim e Vinicius de Moraes)
3. **Berimbau**
   (Baden Powell e Vinicius de Moraes)
4. **Desafinado**
   (Tom Jobim e Newton Mendonça)
5. **Wave**
   (Tom Jobim)
6. **Corcovado**
   (Tom Jobim)
7. **Águas de março**
   (Tom Jobim)
8. **A Felicidade**
   (Tom Jobim e Vinicius de Moraes)
9. **Manhã de Carnaval**
   (Luiz Bonfá e Antônio Maria)
10. **Chega de saudade**
    (Tom Jobim e Vinicius de Moraes)
11. **Meditação**
    (Tom Jobim e Newton Mendonça)
12. **Samba de uma nota só**
    (Tom Jobim e Newton Mendonça)
13. **Água de beber**
    (Tom Jobim e Vinicius de Moraes)

14. **Você e eu**
    (Carlos Lyra e Vinicius de Moraes)

15. **Samba do avião**
    (Tom Jobim)

16. **O que será (A flor da terra)**
    (Chico Buarque)

UM CANTINHO, UM VIOLÃO - 1985

1. **O negócio é amar**
   (Carlos Lyra e Dolores Duran)
2. **Tristeza de nós dois**
   (Durval Ferreira – Maurício – Bebeto)
3. **Sabor a mí**
   (Álvaro Carrillo)
4. **Da cor do pecado**
   (Bororó)
5. **Transparências**
   (Menescal e Abel Silva)
6. **Blusão**
   (Menescal e Xico Chaves)
7. **Resignação**
   (Arnô Provenzano e Geraldo Pereira)
8. **Vestígios**
   (Marcos Valle e Paulo Sérgio Valle)
9. **Manhã de Carnaval**
   (Luiz Bonfá e Antônio Maria)
10. **Comigo é assim**
    (Luiz Bittencourt e José Menezes)
11. **Mentiras**
    (João Donato e Lysias Ênio)
12. **Inclinações musicais**
    (Geraldo Azevedo e Renato Rocha)

MEUS SONHOS DOURADOS – 1987

1. **Eu gosto mais do Rio
   (How about you)**
   (B. Lane e R. Freed / Versão: Pacífico Mascarenhas)

2. **Um sonho de verão
   (Moonlight serenade)**
   (Miller e Parish / Versão: Nara Leão)

3. **Garoto levado
   (Lullaby of birdland)**
   (George Shearing e B. Y. Forster / Versão: Carlos Colla)

4. **Milagre (Misty)**
   (Erroll Garner e Johnny Burke / Versão: Ronaldo Bôscoli)

5. **Bobagens de amor
   (Tea for two)**
   (Vincent Youmans e Irving Caesar / Versão: Paulo Valle)

6. **Jamais...
   (The boy next door)**
   (H. Martin e R. Blane / Versão: Fátima Guedes)

7. **Além do arco-íris
   (Over the rainbow)**
   (H. Arlen e J. Harburg / Versão: Nara Leão)

8. **Aqui no mesmo bar
   (As time goes by)**
   (Herman Hupfeld / Versão: Edmundo Souto)

9. **Coisas que lembram você
   (These foolishing things)**
   (Stracey – Marvell – Link / Versão: Aloysio de Oliveira)

10. **Me abraça
    (Embraceable you)**
    (George Gershwin e Ira Gershwin / Versão: Nara Leão)

11. **Como vai você?
    (What's new)**
    (Bob Haggart e Johnny Burke / Versão: Nara Leão)

MY FOOLISH HEART – 1989

1. **Maravilha (S´Wonderful)**
   (I. Gershwin e G. Gershwin / Versão: Nara Leão)

2. **Adeus no cais (My Funny Valentine)**
   (L.Hart e R.Rodgers / Versão: Nara Leão)

3. **Mas não pra mim (But Not For Me)**
   (I. Gershwin e G. Gershwin / Versão: Nara Leão)

4. **Mais uma vez amor (I'm In The Mood For Love)**
   (J.Mc Hugh e D. Fields / Versão: Nelson Motta)

5. **Só você (Night And Day)**
   (C. Porter / Versão: Nelson Motta)

6. **Cartas de amor (Love Letters) / Sonhos (Dream)**
   (E. Heyman e V. Yong) / (J. Mercer/ Versão: Nelson Motta)

7. **E se depois (Tenderly)**
   (J. Lawrence e W.Gross / Versão: Nelson Motta)

8. **Descansa, coração (My Foolish Heart)**
   (N. Washington e V. Yong / Versão: Nelson Motta)

9. **Onde e quando (Where or When)**
   (L. Hart e R. Rodgers / Versão: Nara Leão)

10. Pleno verão (Summertime)
(D.B. Hayward e G. Gershwin / Versão: Nelson Motta)

11. A saudade me bateu (Sentimental Journey)
(B. Gree – L. Brown – B.Horner / Versão: Nara Leão)

12. Fumaça nos olhos (Smoke Gets in Your Eyes)
(O. Harbach e Jerome Kern / Versão: Nelson Motta)

13. Alguém que olhe por mim (Someone to Watch Over Me)
(George e Ira Gershwin / Versão: Zé Rodrix e Miguel Paiva)

14. Sem querer (You´ll Never Know)
(M. Gordon e H.Warren / Versão: Nelson Motta)

15. Um beijo (Kiss)
(Haven Gillespie e Lionel Newman / Versão: Nelson Motta)

BIBLIOGRAFIA

APELO – In: Versiprosa, de Carlos Drummond de Andrade, Companhia das Letras, São Paulo; Carlos Drummond de Andrade © Graña Drummond. "http://www.carlosdrummond.com.br"

ARAÚJO, Paulo César de. *Roberto Carlos em detalhes*. São Paulo: Planeta, 2006.

BÔSCOLI, Ronaldo. *Eles e Eu: Memórias de Ronaldo Bôscoli*. Depoimentos a Luiz Carlos Maciel e Ângela Chaves. Rio de Janeiro: Nova Fronteira, 1994.

BOTTESELLI, João Carlos e PEREIRA, Arley. *A música brasileira deste século por seus autores e intérpretes*. São Paulo: Sesc, 2003.

CABRAL, Sérgio. *Nara Leão, uma biografia*. Rio de Janeiro: Lumiar Editora, 2011.

CARDOSO, Tom; ROCKMANN, Roberto. *O marechal de Vitória: uma história de rádio, TV e futebol*. São Paulo: Girafa, 2005.

CALADO, Carlos. *Tropicália: a história de uma revolução musical*. São Paulo: Editora 34, 1997.

CASTELLO, José. *Vinicius de Moraes: o poeta da paixão*. São Paulo: Companhia das Letras, 1994.

CASTRO, Ruy. *A onda que se ergueu no mar: novos mergulhos na bossa nova*. São Paulo: Companhia das Letras, 2001.

_____. *Chega de saudade: a história e as histórias da bossa nova*. São Paulo: Companhia das Letras, 1990.

_____. *Ela é carioca: uma enciclopédia de Ipanema*. São Paulo: Companhia das Letras, 1999

CAVALCANTE, Cássio. *Nara Leão: a musa dos trópicos*. Recife: Cepe, 2008.

DUARTE, Pedro. *Tropicália ou Panis et Circencis*. Rio de Janeiro: Cobogó, 2018.

DIEGUES, Cacá. *Vida de cinema: antes, durante e depois do Cinema Novo*. Rio de Janeiro: Objetiva, 2014.

DUARTE, Paulo Sérgio; NAVES, Santuza Cambraia (org). *Do samba-canção à tropicália*. Rio de Janeiro: Relume Dumará, 2003.

ECHEVERRIA, Regina. *Furacão Elis*. São Paulo: Globo Livros, 1994.

GULLAR, Ferreira. *Dentro da noite veloz: poema sujo*. São Paulo: Círculo do Livro, 1975.

HOMEM DE MELLO, Zuza. *A era dos festivais: uma parábola*. São Paulo: Editora 34, 2003.

_____. *Copacabana: a trajetória do samba-canção*. São Paulo: Editora 34, 2017.

JOBIM, Helena. *Antonio Carlos Jobim: um homem iluminado*. Rio de Janeiro: Nova Fronteira, 1996.

LEÃO, Danuza. *Quase tudo*. São Paulo: Companhia das Letras, 2005.

MARIA, Antonio. *O jornal de Antonio Maria*. Rio de Janeiro: Paz e Terra, 1980.

MARIA, Julio. *Elis Regina: nada será como antes*. São Paulo: Editora Master Books, 2015.

MENESCAL, Roberto. *Essa tal de bossa nova*. São Paulo: Prumo, 2012.

MOTTA, Nelson. *Noites tropicais – solos, improvisos e memórias musicais*. Rio de Janeiro: Objetiva, 2000.

MONTEIRO, Denilson. *A bossa do Lobo: Ronaldo Bôscoli*. São Paulo: Leya, 2012.

NAVES, Santuza Cambraia. *Da bossa nova à tropicália*. Rio de Janeiro: Zahar, 2001.

NETO, Lira. *Castello: A marcha para a ditadura*. São Paulo: Contexto, 2004.

_____. *Maysa: Só numa multidão de amores*. São Paulo: Editora Globo, 2007.

RIBEIRO, Solano. *Prepare seu coração: a história dos grandes festivais*. São Paulo: Geração Editorial, 2003.

SANTOS, Joaquim Ferreira dos. *Um homem chamado Maria*. Rio de Janeiro: Objetiva, 2006.

SARAIVA, Daniel Lopes. *Nara Leão: trajetória, engajamento e movimentos musicais*. São Paulo: Letra e Voz, 2018.

SEVERIANO, Jairo; HOMEM DE MELLO, Zuza. *A canção no tempo: 85 anos de músicas brasileiras* vol. 2 (1958-1985). São Paulo: Editora 34, 1998.

SOBRINHO, José Bonifácio de Oliveira. *O livro do Boni*. São Paulo: Leya, 2001.

SOUZA, Tárik. "Nara canta a palavra nova". In: *O som nosso de cada dia*. Porto Alegre: LPM, 1983.

_____. *Tem mais samba: das raízes à eletrônica*. São Paulo: Editora 34, 2003.

_____. *Sambalanço: a bossa nova que dança um mosaico*. São Paulo: Kuarup, 2016.

VELOSO, Caetano. *Verdade tropical*. São Paulo: Companhia das Letras, 1997.

WERNECK, Humberto. *Chico Buarque: letra e música*. São Paulo: Companhia das Letras, 1989.

ZAPPA, Regina. *Chico Buarque*. Rio de Janeiro: Relume Dumará, 1999.

PERIÓDICOS E OUTROS

Aqui, São Paulo, 14 junho 1977.
Diário de Notícias, 28 de maio de 1966.
Diário de Notícias, 25 junho de 1967.
Estados de Minas, 2 de setembro de 1987.
Fatos & Fotos, outubro de 1964.
Flan, agosto de 1953.
Folha de S.Paulo, 25 de junho de 1981.
Intervalo, nº 168, 27 de março de 1966.
Jornal do Brasil, 20 de fevereiro de 1988.
Manchete, março de 1966.
Manchete, março de 1967.
O Cruzeiro, agosto de 1963.
O Cruzeiro, 8 de abril de 1967.
O Estado de S. Paulo, 27 de junho de 1981.
O Pasquim, agosto de 1969.
O Pasquim, maio de 1971.
Revista da Civilização Brasileira, nº 2, maio de 1966.
Secretaria de Segurança Pública, DOPS, Estado da Guanabara, 6 de outubro de 1976.
Última Hora, 28 de novembro de 1959.
Última Hora, 14 de abril de 1963.
Última Hora, 23 de abril de 1966.
Última Hora, 1º de abril de 1968.

Depoimento ao Museu da Imagem e do Som (MIS). Rio de Janeiro, 6 julho de 1977.
Rádio do Centro Cultural São Paulo, 10 de dezembro de 1985.

AGRADECIMENTOS

Aída Veiga, Alcides Ferreira, Ana Lúcia Magalhães Gomes, Armando Pitigliani, Cacá Diegues, Carlos Lyra, Carlos Marques, Cassiano Elek Machado, Christiane Sampaio, Claudia Souto, Francisco Diegues, Hermínio Bello de Carvalho, Isabel Diegues, Ivone Belém, Jairo Severiano, Janio de Freitas, Jary Cardoso, João Donato, José Carlos Lynch, Juliane Sampaio, Keila Castro, Leticia Teófilo Santana, Leonel Kaz, Luis Fernando Klava, Marco Antônio Bompet, Maria Bethânia, Maria Lúcia Rangel, Maurício Carrilho, Magda Botafogo, Miguel Bacelar, Nelson Motta, Pink Wainer, Roberto Menescal, Roberto Sant'anna, Ruy Guerra, Solano Ribeiro, Tâmara Wink, Tárik de Souza, Vera Helena Magalhães Gomes, Zuza Homem de Mello.

**Acreditamos
nos livros**

Este livro foi composto em Fairfield LT Std 45
Light e impresso pela Geográfica para a Editora
Planeta do Brasil em janeiro de 2021.